青木和雄のカウンセリングファイル

HELP!

キレる子どもたちの心の叫び

青木和雄

はじめに　―心の叫びに耳を傾けて―

本書には、私が出会った子どもたちの、心の叫びを集めました。

親と子、教師たちのカウンセリングにたずさわりつつ、書きためてきた数冊のファイルの中から、忘れられない心の声、象徴的な心の叫びなどを抜き出しました。

親と子の不安や迷い、そして心の痛みを、読者の方々に、より身近に感じていただくために、子どもたちがキレていく過程のディテールは物語に、カウンセリングノートはなるべく事実の流れに沿う形で構成しました。

登場する人々の名前やシチュエーションは大幅に変えてありますが、子どもたちの心の叫びはそのままです。

願わくば、子どもの心に寄り添いながら、読み進めていただければと思います。

虐待された幼い子どもや、いじめの犠牲となった子どもたち。そして凶悪な少年犯罪など、子どもをめぐる悲惨な事件がつづいています。事件の背景となる子どもたちの心の闇には、家庭や学校、地域社会のおとなたちの深い影が存在します。

類似した事件を未然に防ぐ手立てとして、法の改正による厳罰化や管理規制の強化などを進める動きがありますが、それでは子どもたちの心の闇は晴れるどころか、ますます暗く、深くなっていくばかりのような気がします。

事件にかかわった子どもの生い立ちや、そこに至ったプロセスを追いながら、周囲のおとながどう対処すべきだったかをふり返ってみることが肝要かと、私は思います。

大事には至らないまでも、爆発寸前の怒りを抱いている子どもたちは多くいます。虐待やいじめ、少年犯罪は、私たちの身近に存在する、どの子どもにも起こる可能性があるのです。子どもの心の叫びに、謙虚に耳を傾けてほしいと思います。

「最近の子どもは、簡単にすぐキレる。何を考えているかわからなくて、怖い。」

講演にうかがう先で、そんな質問をされることがあります。

カウンセリングを通して、子どもたちの心の叫びを聴いていると、けっして簡単にキレているわけではないことがわかります。よく我慢しているなあ、私ならとっくにキレている、と感心させられる場面もあるほどです。

子どもは未熟です。自分の考えや感情を、なかなか言葉に変換することができません。待ちつづける余裕を持って、話しやすいかかわりを作ることが大切です。待てばきっと、子どもは「何を考えているか」を、話し始めるのではないでしょうか。

おとなには、子どもたちが安心して成長・発達できる環境を整える役割があります。「わからないから怖い」と逃げてばかりはいられません。子どもの心と向き合い、おとなの思慮をもって、子どもの環境作りに取り組んでいただきたいと切に思います。

ファイルナンバー1と2は、おとなの理不尽な攻撃にさらされた小さな子どもたちの痛みです。ナンバー1「三輪車」の、人間関係が希薄なままに育ち、育児不安に陥る母親と、ナンバー2「カナリア」に登場する、自らも虐待された幼児体験を持つ継母の痛みにも、心を寄せていただけたらと思います。

ファイルナンバー3「タイムロス」は、過干渉の祖母と親に、時間を奪われた少年の反撃です。少年のようなケースは、相談の中でも特に多いように思います。

ファイルナンバー4「ヘルプ」は、陰湿ないじめにうずくまる少年の心の闇です。深い闇から少年を救い出したのは、ひとりの教師の誠実さでした。

ファイルナンバー5「ナイフ」に登場する少年の印象は、今でも強烈です。少年の鋭い感性に、私自身、深く学ばされたケースでした。

子どもたちは、自分とまっすぐに向き合ってくれるおとなを必死で求めています。応えていただきたいという願いをこめて、本書を著しました。

青木和雄

※個人の特定を避けるため、本書に登場する人名、地名等はすべて仮名であり、またシチュエーションは、大幅に変更しています。

「HELP! キレる子どもたちの心の叫び」●もくじ

はじめに　―　心の叫びに耳を傾けて　―　1

ファイルナンバー1
「三輪車」　11

「負けたらダメよ、がんばるのよ。」
育児書を読みあさり、未熟児で生まれた娘を平均値に追いつかせるため、必死になる母親。しかし、娘はしだいに自信を失い、かたときも母親から離れられなくなっていった……。

ファイルナンバー2
「カナリア」　35

母を失った幼い兄弟のもとに、新しい母親が現れた。なかなかなじまない弟に対して、継母はいらだちをつのらせていく。いらだちは暴力となり、やがて激しい虐待へとエスカレートしていった。

ファイルナンバー3
「タイムロス」　55

塾、模擬試験、ドリル……。母親の過剰な期待を背負いながら、五年生の少年は、祖母の監視のもとに分刻みの日々を送る。ストレスで悲鳴をあげる心。だが、救いを求めるサインはだれにも届かない。

ファイルナンバー4
「ヘルプ」 89

一見穏やかな中学校の教室で、少年は執拗ないじめに耐えていた。無理解な教師たちの仕打ちが、傷ついた心をさらに追いつめていく。そしてついに、我慢の限界を超える日が訪れた。

ファイルナンバー5
「ナイフ」 131

高圧的な教師、エリート意識の強い横暴な父、夫に従順な母。十七歳の少年は、周囲のおとなに対して怒りを抱いている。上級生のおどしにより窮地に立たされた彼は、苦しんだあげく……。

あとがき 188

装丁／室町晋治

HELP!

キレる子どもたちの心の叫び

ファイルナンバー1

三輪車

「負けたらダメよ、がんばるのよ。」
育児書を読みあさり、未熟児で生まれた娘を
平均値に追いつかせるため、必死になる母親。
しかし、娘はしだいに自信を失い、
かたときも母親から離れられなくなっていった……。

平均値というモンスター

「ママ、あのね、ママ。」

ベランダの手すりいっぱいに布団を干している紀子に、小さな奈央がまとわりついてくる。紀子は、邪険にふりはらってさけんだ。

「もう、うるさい！　向こうに行ってなさい！　ママは忙しいの！」

ふりはらった紀子の手が、奈央の頬にあたった。ヒャッと悲鳴をあげて、奈央はおびえた顔で後ずさる。

「テキストをやっときなさいっていったでしょ。終わったの？」

奈央は、いっぱいに見開いた目に涙をためて、首を横にふる。

「グズ！　さっさとやんなさい！　ベランダから落っことすわよ。」

紀子の剣幕におびえて、奈央はしぶしぶリビングへもどった。

ベランダには、陽の光が降り注いでいる。紀子は、ベランダに干した夫の健介の布団を、竹製の布団たたきをふり上げて力いっぱいにたたいた。早朝に健介は、会社の同僚と箱根のゴルフ場に出かけていった。

「いない方がいいわ。その方が、すっきりする。」

紀子は、小さく口に出していった。

パンパンパンパン。紀子の布団をたたく音が、七階建てのマンションの壁に大きく響いてはねかえる。無数のちりが、キラキラと光のしっぽのように、大気に吸いこまれていった。

物干し竿には、ピシンと張った真っ白なシーツが三枚と、健介と紀子と奈央の下着やパジャマが、大きい順にきちんと並んで、初夏の風に泳いでいる。

紀子は身を乗り出して、マンションのほかのベランダを見まわした。日曜日の朝、まだ、どこの家のベランダも、しんと静かだった。最後に、紀子は、一階のベランダを見下ろした。洗濯物が出ていないのを見届けると、唇をゆがめて笑った。

——きょうも、私の勝ちね。

紀子が勝手に勝負を挑んでいる一階の住人には、奈央と同い年の子がいた。ときおり見かけるその家の子は、奈央よりひとまわりも大きく機敏で、利発そうな目をしていた。

——そのうち、奈央が追い越すわよ。絶対、負けないから。

きれいに手入れされた専用の庭には、スモークツリーの綿菓子のような花房が、ふわふわと風に揺れていた。

沢村紀子は、几帳面で努力家だ。学生時代の優秀な成績や無駄のない生活習慣も、日々の努力の成果だった。キャリア志向の強い母親の影響を受けて、さまざまな資格試験にも挑戦してきた。目的に向かって努力をしていると、紀子の心は、母親に認められているという安心感で満たされる。

働く母親のいない日中、幼い紀子は、叔父夫婦の家にいる祖母のもとにあずけられた。厳格な祖母と勝ち気な母親の視線を意識しながら、紀子は従姉妹たちと比較されながら育つ。甘えることも知らずに、心が未成熟なまま、早々に自立させられた。

健介と結婚して七年目、待ち望んで授かった奈央は未熟児で生まれた。なんであれ、人より先を行かないと不安な紀子は、奈央の育児に没頭した。

育児書を手に、紀子が必死に努力すればするほど、奈央は神経質になり、グズグズと泣いてばかりいた。奈央の体重や身長、発達は、育児書に照らしてみると、同年齢の平均からかなりの遅れがあった。

保健所の検診で奈央の遅れを指摘されると、紀子はいつも、自分の努力不足を責められているようで、身の置き所がなかった。

紀子は、奈央の体重が平均に満たないといっては嘆き、言葉が出ないといっては落ちこんだ。髪をふりみだし、メジャーを手に、毎日、奈央の手足までを測る。

「平均と比べると、太ももが五センチも細いのよ。どうしよう。」

何もかもが不安になる。初めて奈央が、「パ、パ」と呼んだ日。感動で涙ぐんでいる健介のそばで、紀子はさめた顔でいった。

「平均より、ずっと遅れているのよねえ。」

健介は驚いて、紀子の顔を見た。奈央へ注ぐ紀子の視線には、物を値踏みするような冷たさがあった。嫌悪の苦い感覚が心に広がっていく。健介はあわてて目をそらした。

パサパサと乾いていく紀子。おびえて泣くばかりの奈央。逃げるように、健介は仕事にのめりこんでいった。

三歳になった奈央を、紀子は幼児教室へ入れた。

「奈央、負けたらダメよ。がんばるのよ。」

紀子の激励は、奈央を萎縮させていく。課題に立ちすくみ、手も足も出ない奈央に、紀子はあせり、いらだった。

「みんな、ちゃんとできるのに、なんで、あなたはできないの。」

奈央のやわらかな頬を思いっきりひっぱたいてしまうことも、たび重なった。泣きながら、奈央は必死に努力する。紀子の笑顔が見たいばかりに……。

「ママ、できたよ。ほら、ね。」

小さな指にマメを作るほどがんばって、幼児教室のテキストを仕上げた奈央。得意満面で、紀子の前に持っていく。けれど、紀子は笑顔一つ見せずに、さらりという。

「やっとできたの。ほかの子は、もう、とっくにできてるのよ。」

紀子にとって、等身大の奈央は何の意味も持たなかった。奈央の成就感や達成感など、問題ではなかった。紀子が見ているのは、平均値という、実体のないモンスターだった。奈央は自信をなくし、喜びや悲しみを表現することにさえ、紀子の顔色をうかがうようになっていった。

弱点を自覚してこそ

クリスマス・イブに、健介は、奈央に赤い三輪車をプレゼントした。めずらしくはしゃいで、健介に甘える奈央を見て、紀子は不機嫌な声でいった。

「なんで三輪車なの？　恥ずかしいわ。三輪車なんて、みんな二歳で乗るものよ。」

「奈央は今、乗りたいんだろ。散歩に連れていったとき、三輪車に乗っている子をうらやましそうに見てたんだよ。奈央、あしたパパと、公園、行こうな。」

奈央はうれしそうにほほえんで、大きくうなずいた。体が小さくてこわがりな奈央には、三輪車がちょうど手頃だった。

「やめてよ、恥ずかしい。奈央、三輪車になんて乗ったら、みんなに笑われるわよ。乗るなら、家の中だけにしなさいね。」

三輪車のサドルに腰をかけたまま、うつむいてべそをかく奈央。健介はかわいそうになって、奈央の頭をなでていった。

「いいよ、奈央。ママのいうことなんか気にしないで、外でもどこでも、バンバン乗ればいいよ。」

紀子は険しい目つきで、健介の横顔をにらんだ。奈央は上目づかいに紀子の顔色をうかがうと、そっと三輪車から離れた。

静かなイブの食卓だった。会話のないテーブルの上を、皿にスプーンのあたる音だけが行き交った。

「奈央、さっさと食べなさい。食べたら、テキストに取りかかるのよ。」

ちぎったパンを口に入れながら、紀子がいった。あわてた奈央は、スープの皿をテーブルの上にひっくり返した。

「バカね！」

叱責の言葉とともに、紀子の手が、奈央の頬を音をたてて打った。

健介はいらだち、声を荒げた。

「やめろよ。クリスマスの夜ぐらい、奈央を解放してやれよ。」

「何にもしないくせに、調子のいいことといわないでよ。」

頬を紅潮させて、紀子は健介に挑むように肩をいからせた。

ヒクヒクとしゃくりあげていた奈央は、静かに椅子をおりて、健介にいった。

「パパ、いいの。奈央ね、みじゅくじだから、みんなに追いつくように、たくさんがんばらなくちゃいけないの。」

奈央……。健介は、かける言葉もなかった。奈央はくるりと健介に背中を向けて、自分の部屋へ行った。バタンとドアの閉まる音を聞いて、健介はいじらしさに胸がつまった。

奈央に聞こえないように、声をひそめていった。

「あんな小さな子に、未熟児だからなんて、いわせるなよ。かわいそうじゃないか。」

「自分の弱点を自覚してこそ、発達の遅れを克服できるのよ。データから見ても、奈央は遅れてるんだから、普通の子の倍は努力しなきゃいけないの。」

紀子はコーヒーカップを揺らしながら、ごく当たり前のようにいった。健介の紀子への怒りは、胸の底に重く沈んでたまっていった。

三輪車をこぎつづけて

深夜。怖い夢を見た奈央は、泣きながら目覚めた。

枕が、涙で濡れていた。

ドアのわずかな隙間から、明かりがもれている。リビングから、健介と紀子のいい争う声が、かすかに流れてくる。奈央は小さな手で耳をふさいだ。父親と母親の間にある憎悪の波線を、奈央は全身で感じていた。

健介の怒鳴り声が聞こえる。紀子の泣きさけぶ声がつづく。奈央は、両手で涙をふきながら、ベッドから起き上がった。

——パパ、ママを怒らないで。ママが悪いんじゃないの、奈央がみじゅくじだから、いけないの。奈央、がんばっていい子になるから。だから、ママを怒らないで……。

部屋のすみに置いてあった赤い三輪車に飛び乗ると、奈央はペダルをこいだ。部屋から廊下を通って、リビングへと、奈央の三輪車は進んでいく。

——パパ、ママを怒らないでよ。みんな、奈央がいけないの。パパとママがけんかするのも、奈央が小さくておばかさんだからでしょ。奈央はどうしたらいい？　ねえパパ、ママ。奈央は、どうしたらいい？

奈央は心で問いかけながら、必死にペダルをこぐ。健介と紀子は、ぐるぐるまわる奈央の赤い三輪車を、しばらく呆然として見つめていた。

「奈央！　何をしているの。」

紀子の鋭い声に、奈央がふり返った。涙と怒りで、奈央の目は暗い光を放っていた。紀子は息をのんだ。奈央はふたたび前を向いて、ペダルを踏みつづける。

驚いて、口をあけたまま奈央を見つめていた健介は、ソファーから立ち上がった。走りつづける赤い三輪車を、手で止めた。ハンドルを握る奈央の小さなこぶしは、ぶるぶるとふるえている。優しく手を添えて、健介はいった。

「心配しなくていいよ、奈央。パパとママはね……。」

「やめて！　小さいんだから何にもわからないわよ。混乱させるだけだわ。」

紀子はさけんで、奪うように奈央をベッドへと連れていった。

いくつもの幼稚園を見学した末に、奈央は、バスで三十分ほどの幼稚園に通うことになった。園庭には、大きな桜の木がどっしりと根を張っていた。花吹雪が紀子と奈央の頭上に降り注ぐ。

「奈央、ここの幼稚園はね、英語も教えてくれるのよ。いいわねえ、奈央。しっかりがんばれば、みんなを追い越せるわよ。」

紀子の言葉に、奈央はだまってうなずいた。幼稚園が始まると、奈央は、紀子が拍子抜けをするほど、すんなりとなじんでいった。

入園して数日後には、送っていった紀子の手をふりはらって、先生のもとへとかけだしていった。家では見せない笑顔で、先生や友だちと話している奈央を見て、紀子はショックを受けた。無性に腹がたった。

――奈央、こっちを見なさい。小さなあなたを努力して育てたのは、私なのよ。ママがいなきゃ生きていけないことを、ちゃんと知るべきだわ。

園庭の白い柵を握りしめて、紀子は奈央をにらんだ。視線を感じて、ふり向いた奈央の顔から、笑みが消えていく。

虐待なんてしていない

十日あまりつづいた五月の連休も、ようやく終わろうとしていた。

ベランダのガラス戸を開けると、暴走するオートバイの爆音が飛びこんできた。明るい夜空に、星がいくつかまたたいている。

健介はベランダの手すりにもたれて、タバコを吸った。見下ろす一階の庭には、花盛りのエニシダが、闇の中にぼんやりとした光を放っている。

——奈央を連れて、いなかに帰ろうか。

ふと、健介は思った。いなかの両親から家業を継いでくれといわれ、ここのところ、ずっと考えてきた。年老いた両親と奈央と、のんびりと暮らすのもいいかもしれない。紀子はきっと反対するだろう。

——それでもいい、もう限界だ。別れよう。奈央にとっても、そのほうがいい。

タバコの煙を吐きながら、健介は覚悟を決めた。家にいる時間が多いと、紀子の奈央に対する仕打ちが目に入り、耳に入ってくる。一日も早く、紀子と引き離すことが、奈央を救うことになると思った。

　健介は、奈央が眠っているのを確認すると、リビングにいる紀子の前に座った。

「話がある。」

　きびしい顔で健介が切り出すと、紀子は読んでいた育児雑誌から顔を上げた。

「ぼくら、別れた方がいいと思う。奈央はぼくが育てる。これ以上、きみが奈央を虐待するのを見てはいられない。」

　唐突に告げられた言葉に、紀子は息をのんだ。

「何をいうの。虐待なんてしていないわ。一生懸命、育てているじゃない。みんな、奈央のためにしている『教育』よ。」

　紀子は強く爪をかんで、健介をにらんだ。

「きみが奈央にしていることは、教育じゃなくて飼育だよ。自分の思いどおりに動くように、ペットを訓練して、飼育しているのと同じなんだよ。見ているだけでむかついてくる。きみには、奈央は任せられない。奈央のためだ、別れてほしい。」

「そんなこと。だれがきょうまで、あの子を育ててきたと思ってるのよ。私の努力を認めてよ。私がいなかったら、奈央は生きていけないわよ、絶対に。」

涙声で、紀子はさけんだ。

「奈央を、きみの努力の道具に使うのはやめろよ。奈央に依存して生きているのは、きみのほうだろ。ぼくが引きとって、ちゃんと育てるから。」

健介の目に、強い意志が見て取れた。本気なんだ、この人。紀子は心の中で思った。胃の奥が、きりきりと痛くなった。

「あなたに、育てられるわけがないじゃない。仕事はどうするのよ。」

「いなかへ帰るよ。おやじとおふくろと奈央と、のんびりと暮らすよ。きみのそばにいるより、奈央にとっても、ずっといいはずだ。」

かみ合わない歯車のように、健介と紀子の言葉は重ねれば重ねるほどに、心をきしませていく。

「絶対、いや。あなたに何ができるのよ。みんな私ひとりに押しつけて、何にもしてくれたことがないくせに。勝手なことばかり、いわないで。」

紀子は、ひざの上に広げていた雑誌を、思いっきり健介に投げつけた。立ち上がると、紀子はそのまま外へ出ていった。

ママがいないとダメなの

バタンとドアの閉まる音に、奈央は目覚めた。紀子が自分を呼んだような気がした。

「ママは？　ママはどこ？」

目をこすりながら起きてきた奈央は、健介にたずねた。

「ママは出かけたよ。パパがいるから、だいじょうぶだよ。」

奈央の目に、みるみる涙があふれる。強く頭を左右にふって、奈央はさけんだ。

「ダメ！　ママがいないとダメなの！　ママがいないと、奈央はいい子になれないの！」

泣きじゃくりながら奈央はいうと、玄関に突進した。健介が追いかけて抱き止めると、奈央は激しく泣きさけび、抵抗する。健介がどんなになだめても、奈央は紀子の後を追いかけようとした。

駐車場の車の中で夜を明かした紀子は、早朝、鳥の鳴く声で目を覚ました。

——奈央、どうしたろ。泣いてるかな。

奈央のことが気になって、紀子は足音を忍ばせて家にもどった。ドアを開けると、玄関には、毛布にくるまった奈央が、涙と鼻水で汚れた顔のまま眠りこんでいた。

その日以来、奈央は、紀子の後を必死で追いかけるようになった。少しでも紀子の姿が見えないと、泣きさけび、悲鳴をあげて捜しまわった。

幼稚園にも行かずに、紀子のスカートのすそを必死で握って放さなかった。奈央の顔から、表情が消えていった。

「どうしよう。奈央がおかしくなっていくみたい……。」

紀子は、すがりつくように健介を見た。

「うれしいんじゃないのか。きみがいないと生きていけない奈央になったんだから。」

頬に皮肉の笑みを浮かべて、健介はいった。

「奈央の心を殺したのは、きみだろ。今さら、うろたえるなよ。準備ができたら奈央を迎えに来る。裁判に訴えても、奈央はぼくが引きとるからな。」

荒々しくドアを閉めて、健介は家を出ていった。

紀子のスカートをつかんだまま、奈央は泣きつかれて眠っている。

――お母さん、私、努力したでしょ。一生懸命努力したのに、どうして、みんな認めてくれないの。私、どうしたらいいのか、わからなくなっちゃった。
答えの見つからない育児書に埋もれて、紀子は途方にくれた。
湿った風が流れる。
テーブルの上から、離婚届けの用紙がひらりと飛んで、床に落ちた。

Date　・　・　No.

〈カウンセリングノート〉

母親から離れられない子

幼稚園への登園しぶりを心配した母親が、四歳の女の子を連れて相談室を訪れました。

「こんにちは。」

私が声をかけると、女の子は母親の顔を見上げます。母親がうなずくと、女の子も小さくうなずきます。それからようやく、私に向き直り、

「こんにちは。」

と返してくれました。椅子に座っていても、女の子の小さな手は、しっかりと母親のスカートを握っています。

「ずっと、幼稚園をお休みしているんです。私の後を追いかけてばかりで、困っています。以前はこんなこと、なかったんですが。」

母親が話している間、女の子は、母親の顔にじっと目を注いでいます。家の中でも、母親の姿が見えないと悲鳴をあげながら捜しまわるといいます。激しい『母子分離不安』があるように見えました。

私はセラピストに、女の子のプレイセラピーを依頼しました。母親と女の子をプレイルームへ案内しながら、私は簡単にプレイセラピーのことを説明しました。

「砂をいじったり、絵を描いたり、粘土をこねたり、ゲームをしたり、いろんな遊びを通して、子どもが本来持っている、いやす力、育む力を回復させる療法なんです。その過程で、心に刺さったとげのありかが、見つかるかもしれません。」

できれば母と子と別々に、カウンセリングをしたいと私は思いました。

しかし、セラピストがどんなに誘いかけても、女の子は、けっして母親から離れようとしません。ありったけの力をふりしぼって抵抗します。

私はセラピストと相談して、母子一緒のプレイセラピーをしながら、様子を見ることにしました。

プレイルームに入ると、女の子は、母親の横にぴたりとくっついて座りこみました。そして、何度も何度も、母親の顔をうかがいます。自分の気持ちを目で訴え、それに対する母親の反応を、必死で読み取ろうとしているかのようでした。

気に入ったおもちゃを見つけても、自分で取ろうとはしません。おもちゃと母親の顔を交互に見て、母親が自分の気持ちを察してくれるのを待っているのです。

「これ、おもしろそうね。」

母親がいうと、ようやく安心して手に取り、遊び始めます。

画用紙とクレヨンを前にして、女の子は、母親にたずねます。

「何を描いたらいい？」

「何色がいい？」

母親に回答を求めつつ、母親の答えが自分の考えと合わない時には、行動を起こしません。反対に、自分の考えと一致すると、うれしそうな顔をします。

本来的には、かなりはっきりとした意思を持っている子のようでした。自信をなくし、行動にひとつひとつ承認を求めるのは、母親とのかかわりに、何らかのトラブルが生じたせいなのでしょう。

継続して相談に通ってくるようになると、女の子はプレイセラピーに関心を示し、セラピストと遊べるようになりました。

ひとりぼっちの子育て

私は、母親との面談を開始して、子どものかかわり方を思いつくままに話してもらいました。話の中で、母親は何度も、「育児書を見ると……」という言い方をします。育児書に書いてある平均値は、単なる目安であって、当てにはならないと思うのですが、育児不安に陥った若い母親にとっては、バイブルともいえるのでしょう。

「よくがんばって、勉強しましたねえ。お母さんの努力が実を結んで、あんなに愛らしい娘さんに育ったんですね。」

私の励ましに、母親は大きく目を見張り、ふるえる声でいいました。

「ありがとうございます。私、その言葉を、ずっとずっと待っていました。」

母親は両手で顔をおおうと、しばらくの間、声を殺して泣いていました。

「私、母や夫にそういってもらいたくて、勉強も家事も育児も、すごくがんばってきました。でも、ふたりとも、そういうこと、全然いってくれなくて、私を責めてばかりでした。私の努力が、まだ足りないからだと思うと、つらかったです。」

努力家の母親にとって、自分のがんばりを認めてもらうことは、きっと存在のあかしだったのでしょう。愛する母や夫からのひとことを待ちながら、努力に努力を重ねてきた母親の人生が哀れでした。

心に抱えた母親の不安やいらだちは、ストレートに子どもへと向かっていきました。子どもに、「ママがいなければ、生きていけない」と思いこませることで、母親はようやく、自己の存在が確認できたのかもしれません。

ひとりぼっちの子育ては、つらいものです。周囲にいるだれかが、母親の努力を認めて話を聞いてあげていたら、母子ともに、楽しく日々を過ごせただろうにと思うと、気の毒になりました。

「それだけの知識があれば、もう育児書は卒業です。これからは、お子さんのきょう一日の成長を喜べる、楽しい子育てをしましょう。」

そういうと、母親は素直にうなずき、ひざの上のバッグに手を置きました。バッグの中には、何冊かの育児書が入っていたようです。私が苦笑すると、母親の顔に、やっと笑みが浮かびました。

親の生きる姿勢を問い直して

母親の気持ちが安定した頃合を見て、私は、子どもが激しく後を追うようになった時期をうかがってみました。

「幼稚園で何かあったのかな、と思っていたのですが……。」

ゆっくりと記憶をたどるうちに、母親は答えを見つけたようでした。深夜に三輪車を乗りまわしていた、わが子の暗い目。ひと晩家をあけた翌朝の、涙で汚れた顔。いずれも、夫婦のいさかいがあった夜の出来事でした。

「小さいから、何もわからないと思っていました。」

子どもの心の痛みに思い当たると、母親は声をあげて泣きだしました。

親の生きる姿勢は、子どもの心に大きく投影されます。おそらくは、親自身が思っている以上に、くっきりと濃い影を映し出します。

「私、母と手をつないだ記憶がないんです。しっかりしなさいって、いつも叱られてばかりでした。愛することにも愛されることにも、慣れていないんです。目的に向けて、叱咤激励するのが親の愛だと思っていました。」

子どもへの接し方に虐待も含まれていたことに、ようやく気がついたようでした。母親の承認がなければ身動きできない子どもの状態は、危機的でした。母親の機嫌を損ねたら捨てられてしまう、という不安を抱かせてしまったのです。

当たり前のことですが、子どもにも感情があるのです。むしろおとな以上に、傷つきやすく繊細です。怒りを言葉にできないからといって、あなどらないことです。小さくても、心を持ったひとりの人間として、尊重してほしいものです。

カウンセリングを通して、母親は、自分の生きる姿勢そのものを深く問い直していきました。父親とも冷静に話し合える余裕が出てきたようです。

子どもは、母親の心の変化を敏感に察して、少しずつ、明るさを取りもどしていきました。

プレイルームから走り出てくる女の子をしっかりと抱きとめ、優しく語りかける母親の目には、もう、平均値というモンスターは見えません。ありのままのわが子の存在が、いとしく映っていることでしょう。

見送る私に、母親ははにかみながら、娘とつないだ手を上げてみせました。

ファイルナンバー2

カナリア

母を失った幼い兄弟のもとに、新しい母親が現れた。
なかなかなじまない弟に対して、
継母はいらだちをつのらせていく。
いらだちは暴力となり、
やがて激しい虐待へとエスカレートしていった。

カナリアになった母ちゃん

夕方、パート先のスーパーから家に帰る途中だった。

川村由美の乗った五十CCバイクは、交通量の激しい国道に入ったところだった。急に黒い雲が空をおおい、ポツポツと音をたてて雨が降りだしてきた。

走行しながら、ふと空を見上げた由美のハンドルが、わずかにぶれる。ほんの一瞬の隙だった。大きな衝撃音がして、由美とバイクは空中高く舞い上がった。

大型トラックが、鋭いブレーキ音をあげて止まる。雨に濡れたアスファルトの路面に由美の体は落下して、そのまま意識が消えていった。

アパートの一室の小さなテーブルの上に、白い骨箱が置かれている。

孝一は、がっしりとした肩を上下させて大きく息を吐いた。写真の中の由美の笑顔がまぶしかった。もう一週間がたつのに、孝一の目からは、きりもなく涙がこぼれてくる。

小学三年生の拓也と、三歳の智也は、神妙な顔でテーブルの前に座っていた。

「父ちゃん、腹へった。」

拓也がボソリといった。

「腹へった。」

智也がつづけた。孝一は、泣きはらした顔を上げる。赤く充血した目を大きく見開いていった。

「おまえら、悲しくないのか。母ちゃんが死んだんだぞ。よく腹がへるよなあ。」

拓也は、上目づかいに孝一を見た。

「悲しくっても、腹はへるもん。」

「へるもん。」

智也がつづける。やれやれ、といいながら、孝一は重い腰を上げた。キッチンに行き、冷蔵庫のドアを開けた。整理された冷蔵庫の中から、焼きそばの入った袋を三つ取り出した。フライパンを探す。流しの上の棚に、きちんと並んでいる。

何もかも、いつもと変わらない。孝一は、由美がすぐ後ろにいそうな気がして、思わずふり返った。拓也と智也が、キャベツとハムを持って立っている。

「由美。なんで、おまえだけ、いねえんだよう。」

その場にへたりこんで、孝一は声をあげて泣いた。拓也は、孝一の手から焼きそばを取り上げていった。

「父ちゃん、いつまでも泣いてんなよ。母ちゃんが困るだろ。」

たく、もう。拓也は小さく舌打ちをして、キッチンテーブルにまな板をのせる。キャベツとハムをぶつ切りにし、ざるに入れた。小さな踏み台に乗って、フライパンを火にかけ、油をしく。智也からハムとキャベツの入ったざるを受け取ると、フライパンに入れた。

拓也は、手際よく焼きそばを炒めていく。ソースをふりかけると、香ばしいにおいが部屋中に満ちた。

できあがった焼きそばを四人分のお皿に分けて、拓也と智也はテーブルに運んだ。

由美の写真の前に、ひと皿を置く。焼きそばから立ちのぼる湯気が、由美の笑顔を曇らせた。

「母ちゃん、いただきます。」

三人は、黙々と食べ始める。

「おれは、明日から学校へ行く。父ちゃんも、仕事行けよ。」

拓也は、孝一を軽くにらんでいった。

孝一は、長距離トラックの運転手をしている。由美の事故があってから、孝一はハンドルを握るのが怖くなった。仕事を再開できるかどうか不安になって、孝一は広げた両手をじっと見つめた。

「父ちゃん、聞いてるか。トモは、おれが保育園に連れていくから、父ちゃんは、しっかりと稼いでくれよな。」

泣いてばかりいる孝一は当てにならないと、拓也は思った。幼いながら、いろいろと考えをめぐらせている。ふふふ、と智也が笑った。

「おにいしゃんは、かあしゃんみたいですねえ。」

カナリアに餌をあげていた智也が、まるい目をくりくりとさせていった。由美によく似た、優しい顔立ちをしている。よくまわらない舌で「おにいしゃん」と呼ばれるのが、拓也は好きだった。

「かあしゃんは、いつ帰ってくるのかなあ。」

智也は、カナリアの黄色い羽をなでながらいった。亡くなる前日に、由美が買ってきたカナリアだった。

――新しい家族だよ、みんなでかわいがろうね。

明るく笑っていた由美。

拓也は智也のそばに行って、カナリアのやわらかな羽をなでる。指にふれる感触が、由美の肌に似ていた。

「トモ。母ちゃんは、カナリアになった。」

言葉にすると、思った以上にさびしかった。こらえきれずに、拓也はトレーナーの袖で涙をふいた。

「ふーん。」

智也は色白の頬をふくらませて、首をかしげた。カナリアが、ピピと小さく鳴く。

「かあしゃん。出ておいでよ。とうしゃんも、おにいしゃんも、さびしいって泣いてるよ。」

智也がいうと、孝一はタオルで顔をおおった。


眠れぬままに、孝一は朝を迎えた。三つ並んだ布団の両隣では、拓也と智也がすこやかな寝息をたてている。

組んだ腕の上に頭をのせて、孝一は由美のことを思った。

初めて会った時の、十六歳の由美。さびしさを派手な化粧で隠していた。

——私、早く結婚したいんだ。

親に疎《うと》まれて育った由美は、家庭のあたたかさにあこがれていた。居場所をなくしてさすらっていた孝一にとっても、安心して休める〝家庭〟は、ずっと夢見てきた宝物だった。

——家族がみんな、早く帰りたいと思うような家、作りたいね。

由美の言葉を思い出しながら、孝一は部屋の中を見まわした。ホワイトボードに飾られた家族の写真、あたたかな色調のカーテン、手作りのクッション……。由美の思いが部屋中にあふれていた。

「何があったって、由美がいないんじゃや、何にもなんねえよなあ。」

天井に向かって、孝一はつぶやいた。

「だいじょうぶでしょ。おにいしゃんも、トモもいるもん。」

いつのまに起きたのか、智也がきれいに澄んだ目で、孝一を見つめている。智也の小さな手を握り、孝一はほほえんでいった。

「そうだよな。父ちゃんには、タクもトモもいるもんなあ。」

いつまでも泣いてばっか、いらんねえ。

孝一の顔に朝の光があたる。窓の外が明るくなった。下の通りを、新聞配達のバイクの音が通り過ぎていった。

新しい母

それから、一年後。

拓也は小学四年生、智也は四歳になった。

六月の第三金曜日だった。雨が降りつづいて、部屋の中には生乾きの洗濯物が干してあった。孝一が、めずらしく酒に酔って帰ってきて、爆弾発言をした。

「父ちゃんは、結婚することにした。明日から、新しい母ちゃんが来るからな。かわいい妹もできるぞ。」

拓也と智也は、疑わしい目つきで孝一を見る。

「もっとうれしそうな顔しろよ。タクはもう、めし当番しなくていいんだぞ。トモも、さびしい思いしなくてすむじゃねえか。また、にぎやかな家になるんだ。喜べよ。」

父ちゃん、酒くさい。拓也は、顔をしかめていった。

「母ちゃんはひとりでいい。新しいのはいらない。」

「かわいくねえヤツだなあ。掃除も洗濯もしなくていいんだぞ。新しい母ちゃんが、みんなやってくれるってさ。めいっぱい遊べるぜ。」

拓也は心を動かされた。ほんと？　目を輝かせて孝一を見た。

「ガキは遊ぶもんだよ。タクには苦労かけたよなあ。」

孝一は大きくうなずきながら、赤い目をうるませた。長距離を行き来する孝一の仕事は、家をあけることが多かった。子どもたちと一緒にいられる時間を作るのに、孝一はかなり無理をしてきた。同じ会社で、ダンプの運転手をしている仕事仲間の早苗なら、気心も知れて、子どもたちのよい母親になってくれると思った。


「この子、渚っていうんだ。トモくんとおんなじ四歳だよ、よろしくね。」

翌朝、やってきた早苗はそういいながら、クッションやカーテンや由美の写真を、ダンボール箱につめていく。手早くガムテープで封をする早苗を、拓也と智也は呆然として見ていた。由美がどんどん消えていく。拓也と智也は、どうしようもないさびしさに立ちすくんでいた。

「お父さんが帰ってくる前に、お部屋をきれいにして驚かすんだから。ほら、あんたたちも、ボヤッとしてないで手伝ってよ。」

早苗が持ちこんだ荷物で、家の中はすっかり変わってしまった。早苗は意識的に、由美の色を消していった。

早苗と渚の突然の出現は、智也を混乱させた。

「保育園なんて行くことないよ。渚と遊んでな。」

早苗は、自分の流儀を強引に通していく。いつのまにか、知らない家に置き去りにされたような居心地の悪さを、智也は感じていた。由美の思い出は、カナリアだけになった。

さびしい智也は、カナリアに話しかける時間が多くなる。

「気持ち悪いよ。どっか、やっちゃおうよ。」

カナリアなんていらない、という早苗を、孝一と拓也が必死になだめて説得した。

結婚してまもなく生まれた赤ちゃんに、早苗は翔也と名づけた。小さな翔也の誕生は、家族の絆を深めた。孝一も拓也も、新しい家族に自然になじんでいった。智也だけが、ひとりぼっちになった。

「カナリアをさわった手で、翔也をさわんないでよ。」

智也が翔也のそばに来ることを、早苗はそういって牽制した。いつまでもなじまない智也に、早苗は日ごとに、いらだちをつのらせていった。

止まらなくなった暴力

渚は、智也のカナリアを欲しがった。

「そのカナリア、あたしにちょうだい。」

「いやだ。絶対、あげない。」

おとなしい智也の激しい拒否にあって、渚は地団太を踏んだ。憤然とした顔で鳥かごのとびらを開けると、グラグラと揺すった。

ピーッ。カナリアは鋭く鳴いて、鳥かごの外へ出た。窓から入ってきた風に誘われるように、ふわりと飛んでいってしまった。

「かあしゃん！　かあしゃん！　行っちゃダメ！」

智也は、窓から身を乗り出してさけんだが、空高くカナリアは飛び去っていった。

「渚のばか。」

智也は渚を突き飛ばした。おおげさな渚の泣き声を聞きつけて、早苗がとんできた。渚は早苗の背中にまわって、智也に舌を出した。

「何をやってんの！　渚にあやまれ！」

早苗は、平手で智也の頬をなぐった。智也は、何もいわずに渚をにらみつける。

「あやまれ！」

早苗は逆上していく。あやまれ！　あやまれ！　何度もさけびながら、智也をなぐった。

智也の体は、右に左に揺れて倒れた。顔は赤く腫れ上がった。


学校から帰った拓也が、驚いて智也にきいた。

「トモ、どうしたんだよ、その顔。」

「逃げたカナリアを追いかけて、階段から落っこちたんだよ。あぶないったらないよね。」

早苗は、智也の先まわりをしていった。

智也は、しだいに心を閉ざしていった。

おねしょをすると、濡れた布団に巻かれて押し入れに入れられた。掃除機のパイプで失神するまでなぐられた。なぐられて、けられて、智也の小さな体は打ち身だらけになった。

孝一と拓也が不審に思って問いただしても、智也は無言でうつむいているだけだった。

「近所に悪ガキがいて、なぐられてくるんだよ。やられっぱなしで、だらしないったら。」

早苗の嘘を、孝一は見抜けなかった。日に日にエスカレートしていく早苗の暴力を、だれも止めることができなかった。

智也は食事もとらずに、部屋のすみにすわり、白い壁に向かってブツブツとひとりごとをいいつづけるようになった。

「トモ。だれがやったか教えろ。おれがぶっ殺してやる。」

拓也は智也の肩を抱いていった。渚がおびえた目を早苗の横顔に走らせたのを、拓也は見逃さなかった。

「父ちゃん、なんとかしろよ。あいつがトモをなぐってるんだぞ、トモが殺されてもいいのかよ。」

早苗の目を盗んで、拓也は孝一に告げた。孝一は、早苗に問いただしてみたが、じょうずにはぐらかされてしまう。できるだけ智也を外へ連れ出すことしか、孝一は思い浮かばなかった。拓也は学校から帰ると、智也のそばから離れないようにした。

家族の絆の結び目がほどけていくのを察して、早苗は憎々しげに智也をにらむ。孝一と拓也のいない時をねらって、智也への虐待の度合いが激しさを増していく。

智也はやせ細り、正座ができない状態にまでなった。それでも智也は、白い壁に向かって話しつづける。まるで、そこに由美がいるかのように……。

〈カウンセリングノート〉

子と母の間に距離をおいて

華やかな色合いのシャツを着た若い父親が、相談室のドアから顔をのぞかせました。

「女房が子どもをいじめるんで、どうしたらいいか困ってるんですけど。なんか、ここで相談にのってくれるって聞いて……。」

頭をかきながら、不安そうな目を室内に向けます。すすめられた椅子に座ると、父親は身を硬くして、なかなか口を開こうとしません。

お子さんはおいくつですか、かわいい盛りですね、などと、とりとめのない話をしているうちに、父親は目に涙を浮かべて、四歳になる息子の悲惨な状況を語り始めました。

息子の優しさに、悲しみの淵から救われたこと。白い壁に向かって、一日中ブツブツとつぶやいている息子を、今度は自分が救ってやりたいということ。

言葉を選びながら訥々《とつとつ》と語る父親の誠実さに、私は心を打たれながら聞き入りました。

父親の緊張した顔には濃い疲労のあとが残り、痛々しいほどでした。

「ひとりで、ずいぶん悩んだんでしょうね。力を合わせてお子さんを守りましょうよ。」

父親のいからせた肩からスッと力が抜けていくのが、見た目にもわかりました。日に焼けた精悍な顔に安堵の色を浮かべ、父親は涙をこぼしました。

私は、子どもの保護を最優先にしようと提案し、そのために児童相談所に一時保護をしてもらう方法があることなどを、情報として父親に伝えました。

そして、子どもと母親の間に少し距離をおき、その間に、父親と母親がじっくり話し合ってみてはどうか、と私の考えを話しました。

同意を得て手続きをすませるころになると、父親の顔に、ようやく笑みがこぼれるようになりました。ずいぶん緊張していたようですね、というと、

「学校へ行ってる時から、先生って苦手なんです。おれの話なんて、ほんとに聞

いてくれんのかなって、不安でした。何度も入り口まで来ては帰ってたんです。でも、相談にのってもらってよかったです。ほっとしました。」

そういって、心からの笑顔を返してくれました。

その後、父親と連絡を取りながら、子どもと母親の気持ちが落ちつくのを待ちました。

児童相談所でプレイセラピーを受けながら、子どもは心の傷を徐々にいやしていきました。順調な回復ぶりを、父親はとてもうれしそうに報告してくれます。

ところが、母親との話し合いは、なかなか思うようには進まなかったようです。

受容されて心の流れが変わる

三週間ほどたったころに、父親は、母親を伴って相談室を訪れました。

母親は、ツンと横を向いたままです。私の方を見ようともしません。私と目を合わせた父親は、頭をかきながらいいました。

「息子を迎えに行く日だっていうのに、まだこんな調子なんですよ。おれがいくらいい聞かせてもわかんないんです。先生から、ガツンといってやってください。」

母親の心の流れを、私はゆっくりとたどってみることにしました。急がずに、母親が自分から話しだすのを待ちました。

「子どものためなら、あたし、いつだって命捨てられる。けど、あの子だけは、どうしてかダメなんだ。」

ためらった後に、母親は低い声でうめくようにいいました。

すごいなあ、と私は感嘆の声をあげました。

えっ、と母親は、小さく声をあげます。初めて、まっすぐに私の顔を見ました。

「子どものために命を捨てられる。そういいきれるなんて、すごいことですよ。いいお母さんなんですねえ。」

私は正直に、感じたことをいいました。母親はまばたきも忘れて、私を見つめています。私の感想に、よほど驚いたようです。

「児童相談所は短期的ですから、お子さんをどうしても受け入れられないようなら、長期間あずかってくれる児童福祉施設を探してみましょうか。急がないでゆっくり、よい方法を考えていきましょう。」

私は、できるだけ穏やかにいいました。かなり揺らいでいる母親の心を、まずは安定させたいと思ったのです。

　母親は声をあげて泣きだしました。父親の暴力にさらされた幼いころの恐怖を、声をつまらせながら話しました。ふり上げたこぶしが止まらなくなる時、憎みつづけた父親の血を感じるのだといいます。なぐられた子の痛みは、だれよりも自分が知っているはずなのに、とさけびます。

　泣くだけ泣くと、母親は、穏やかないい表情を見せるようになりました。

「あたし、なんとかやってみる。虐待しそうになったら、また助けてください。」

まだあどけない笑顔で、母親はいいます。私はうなずきながら、

「子育てでストレスがたまったら、弱い子どもにあたらないで、ご主人にあたったらいいですよ。たくましくて頼りがいがありそうだ。」

と笑いました。そうしよ、と明るい声で母親が返しました。

「今でもおっかないんです、困ります。」

あわてる父親に、私は、妻の話をめんどうがらずに聴くことを約束してもらいました。心が安定していれば、母親もこぶしをふり上げずにすむでしょう。

「これから、息子を迎えに行きます。」

晴れやかな顔で席を立ったふたりは、仲よく手をつないで帰っていきました。

しばらくして、母親が息せき切ってもどってきました。

「センセ。カナリア売ってる店、教えてください。息子に持ってってあげたいんだ。あまいかもしれないけど、あたしの誠意、見せたいと思って。」

気持ちが通じるといいね、といいながら、私は、近くのペットショップの地図を書いてわたしました。母親は地図を小さくたたんで、ポシェットに入れながらいいました。

「ほんとはね、説教なんていらねえやって思って、ふてくされてたんだ。けど、ちがった。あたしの話、こんなにリキ入れて静かに聞いてくれた人、先生が初めてだった。ホントにうれしかったです。」

この言葉を伝えるために、もどってきてくれたのでしょう。私は胸が熱くなりました。

だれかに受容され、共感されながら話を聞いてもらうというだけで、人の心の流れは変わるのです。

子どもたちの心の荒れが気になります。罰則強化や管理規制などの対策を講じる前に、私たちおとなは、子どもたちの心の声をもっと真摯に聴くことです。彼女の言葉でいうなら、リキ入れて静かに……。

ファイルナンバー3

タイムロス

塾、模擬試験、ドリル……。
母親の過剰な期待を背負いながら、五年生の少年は、
祖母の監視のもとに分刻みの日々を送る。
ストレスで悲鳴をあげる心。
だが、救いを求めるサインはだれにも届かない。

盗んだ答案用紙

北風が、葉を落とした木々の枝を大きく揺らしている。

鉛色の雲が低く重くたちこめる、寒い冬の日だった。

北側の二階にある五年一組の教室では、担任の湯本政夫先生が、採点した算数の答案用紙を配っていた。出席番号順に、ひとりひとり名前を呼ばれる。子どもたちは緊張した面持ちで、自分の番を待っていた。

答案用紙をわたしながら、湯本先生は優しく言葉をかける。

「よくがんばったな。」

「もう少しだったね、計算ミス、気をつけような。」

そのひとことで、子どもたちの緊張がほぐれていく。ほっとした顔をして席にもどっていく子どもたちを、湯本先生はほほえみながら見ていた。

聡は、カタカタと落ちつきなく足を揺らす。胃がひきつるように痛くなった。

「中村聡くん。」

はじかれたように、聡は立ち上がった。

「スランプかな。三学期はがんばれよ。」

声を落として湯本先生がいった。聡の顔から、スッと血の気がひいていく。ふるえる手で、答案用紙を奪うように受け取っていった。

「中村……。」

肩を落とした聡の後ろ姿に、湯本先生はかける言葉がなかった。親の重い期待を背負わされた聡のやせた背中は、見ていて痛々しいほどだった。


北風が強くなった。窓をふるわす風のうなりが、悲鳴のように聞こえた。

聡は目を閉じて、大きく深呼吸をする。気持ちを落ちつけて、答案用紙を開いた。最悪の結果に、聡は思わず息をのむ。

母の孝子の声が、耳の奥でキンキンと不協和音を奏でている。

――二学期のまとめのテストは大事だからね、がんばるのよ。算数は、特にしっかりしなさいよ。あんたの出来が悪いと、お母さんが笑われるのよ。

孝子は、公立中学で数学の教師をしている。体面もあるのだろうか。聡の成績には、異常なほどのこだわりを見せた。

大事だからがんばれと孝子にいわれると、聡は緊張して、おなかの調子が悪くなる。集中力がなくなり、いつもなら解ける問題にさえ、手も足も出なくなる。きょうの答案を見せたら、孝子からどんな叱責を受けるだろう。想像しただけで、聡の胸は破裂しそうになった。唇をかみしめて、聡は涙をこらえた。

「前田太一くん。パーフェクトは逃したけど、学年でトップだよ。」

「やった!」

「よくがんばったな。」

パチンと右手を打ち合わせて、湯本先生と太一は、はずんだ声をあげた。太一はさわやかな笑顔で、席に帰ってくる。

「すげえじゃん、たいっちゃん。」

級友たちは、素直に太一のがんばりを認めて拍手した。太一は、ひらひらと答案用紙を掲げてみせた。顔を上げた聡と目が合うと、太一はにっこりと笑った。

「サトシはどうだった?　何点だった?」

席につきながら太一は、後ろの席の聡に屈託なく話しかけてくる。太一の性格から、いやみがないのはわかってはいるが、残酷な質問だった。聡はあいまいに笑いながら、机の下で強くこぶしを握りしめていた。

低くたれこめた雲が、強い風に押されて流れていく。

午後の音楽の授業を受けるために、聡たちは音楽室へと移動する。しょんぼりと歩く聡の背中を、太一が勢いよくたたいていった。

「サトシ、リコーダーはどうしたんだよ。忘れたのか。」

北校舎から西校舎へわたりかけた時だった。聡はハッとして、手もとを見た。

「あっ、ランドセルの中に入れたままだ。急いで取ってくるよ。」

太一にそういうと、聡はあわてて教室へと引き返した。

しんと静かな教室には、給食のクリームシチューのにおいが、まだたっぷりと残っていた。聡は、机と机の間を器用に走り抜けていく。太一の机まで来ると、聡の足が止まった。

机の上に、算数の教科書が置いたままだった。ページの間から、九十八点の答案用紙がのぞいている。

聡は、緩慢な動作でランドセルを開け、リコーダーを取り出した。その間も、聡の目は吸い寄せられたように、太一の答案用紙に注がれていた。

――盗んじゃおうか。名前を書き替えれば、お母さんにはわからないかもしれない……。

そう考えただけで、聡の動悸は激しくなった。ドックンドックンと鳴る心臓の音が、どんどん大きくなっていく。聡の足は、太一の机の前に向いた。そっとのばした右手が、太一の算数の教科書にふれた。

キンコン、カンコン。

けたたましく始業チャイムが鳴った。聡の体は、電流が走ったようにビクンとふるえた。

――テストの結果次第で、クリスマスのプレゼントも決まるわよ。何が欲しいの。ゲームのソフト？　努力なしで手に入るものはないのよ。欲しいと思ったら、がんばるのね。

孝子の声が聞こえてくる。聡は迷いがふっ切れた。すばやく太一の答案用紙を引き抜くと、自分のランドセルへ突っこんだ。

――ぼくは、すごい努力をしたよ、お母さん。

聡は唇の端を下げて、自嘲的な笑みを浮かべる。孝子をあざむくことで、聡の心は少しだけ楽になった。

それでも、音楽室へと走る聡の目には涙があふれてきた。

「変だなあ、ここに、はさんでおいたはずなんだけど。」

帰りの支度をしていた太一が、答案用紙の紛失に気がついていった。算数の教科書のページを丁寧にめくって探している。聡は、ランドセルを胸に抱えこんだ。

「おっかしいなあ。なんで消えちゃったんだろ。」

ブツブツとひとりごとをいいながら、太一は、机の中や机の下をのぞきこんでいる。太一の仲間が集まってきて、一緒にあちこちを探しまわった。

「これだけ探してもないってことは、盗まれたとか。」

「人の答案用紙、盗んだって、意味ないじゃん。」

「だよな。てことは、たいっちゃんに恨みをもってるヤツが、捨てたとか。」

「うん、それは考えられる。たいっちゃん、だれかに恨まれてない？」

太一と仲間がまじめに推理をしているそばで、聡は背中を丸めて小さくなっていた。

——バレたらどうしよう。やんなきゃよかった……。

聡の足が、カタカタとふるえだした。突然、太一がくるりと後ろをふり向いていった。

「サトシ、知らないかな。」

ランドセルを抱く手に力をこめて、聡は大急ぎで、首をブンブンと左右にふる。この場から消えてしまいたいと思った。

「ちゃんと、ここにしまったのに。ぜーったい変だよ。」

太一の声は、涙を含んで湿っていた。いつも元気な太一が、首をうなだれている。

――たいっちゃん、ごめん。ほんとに、やんなきゃよかった……。

太一の努力を盗んでしまったことに、聡はようやく気がついた。太一の背中に頭を下げて、聡は心の中でいった。

がんじがらめの毎日

「お帰りなさい。遅かったじゃないの。」

祖母の智恵が、玄関で聡の帰るのを待ちかまえていた。聡は無言のまま、二階の自分の部屋へ入り、乱暴にドアを閉めた。

聡は、きれいに整頓された机の上にランドセルを置いた。

ランドセルの中から、太一の答案用紙を取り出した。あわてて入れた教科書の下敷きになって、答案用紙はくしゃくしゃになっている。聡は声を殺して泣きながら、両手でしわをのばす。太一の笑顔をふりはらうように、聡は大きく息を吸った。手の甲で涙をぬぐうと、「前田太一」と大きな字で書かれた太一の名前を、消しゴムで消した。

「ごめんね、たいっちゃん。」

消えていく太一の名前に、聡は詫びた。机の引き出しを開けて、智恵が削ってそろえてくれた鉛筆を取り出す。薄く残った太一の名前の上に、聡は自分の名前を書いた。指がふるえて、智恵の嫌うミミズのはったような字になった。

「あら、聡。名前はもっと丁寧に書きなさい。」

智恵が、聡の頭越しに答案用紙をのぞいていった。聡はあわてて、腕をいっぱいに広げて答案用紙を隠した。見られたかな……。聡の背中を、冷たい汗が流れる。

じょうずに音をたてずに移動する智恵に、聡はよく驚かされる。

「おばあちゃん、部屋に入るときはノックしてよ。びっくりするでしょ。」

ふるえる声で聡がいった。

「部屋のドアは、いつでも開けとくのよ。そう、お母さんにいわれたでしょう。」

「だって、ぼくにだって、プライバシーがあるんだからね。」

「子どものうちは、プライバシーなんていらないの。聡が隠し事をしないように、ちゃんと見てるようにって、おばあちゃんはお母さんに頼まれてるんだもの。責任があるのよ。」

智恵は、聡の抗議を一笑に付していった。ほら、ほら、といいながら、聡の腕の下から答案用紙をひっぱり出した。

「そんなミミズのはったような字で書いたら、お母さんに叱られるでしょ。書き直しなさい。字を見れば、人柄がわかるものなのよ。」

小学校の教師をしていた智恵は、五年前に退職した。以来、聡の教育係になった。孝子の意を受けて、きびしい態度で聡の指導にあたっている。

――残念でした、おばあちゃん。どんなにじょうずに書き直したって、ぼくの人柄は最低の最悪になっちゃったよ。

智恵にいわれるままに書き直しながら、聡は心でさけんでいた。

「九十八点なの、もったいないわねえ。三学期は、百点とれるようにがんばらないとね。さ、早く支度しなさい。塾に遅れるわよ。」

早く、早くと智恵にせかされて、聡は塾のロゴマークの入った鞄を背負った。聡は週三回、東京にある進学塾まで、往復三時間かけて通っている。日曜日ごとに模擬試験があり、成績によって塾のクラス編成が変わる。予習復習、課題をこなすだけでも、聡にとっては、息がつけないほどにハードな日々だった。

智恵は、スヌーピーの絵柄のついた聡の財布に、ＪＲのオレンジカードと、テレフォンカードを入れた。百円玉が二個、十円玉が三個、中に入っている。智恵は五百円玉を手のひらにのせて、入れようかどうしようか迷っていた。

孝子から、余分なお金はいっさい与えないようにと、きつくいわれていた。

――余分な時間とお金を与えると、子どもは横道にそれていく。何も考えずに、親の示す道をひたすら走る子の方が、親も子も苦労がなくていい。

中学で教え子の問題にぶつかるたびに、孝子はいっていた。

そうはいうけど、あんまりきつくするのもねえ、とつぶやいて、智恵は、聡のやせてとがった顔を見た。

――そういえば、この子の笑顔、しばらく見てないような気がするわ。

急に、聡が哀れになった。智恵は、財布の中に五百円玉を入れた。

「お母さんには内緒ね。テストがんばったから、おばあちゃんからのごほうびよ。おなかすいたら、ハンバーガーでも食べなさい。」

「ありがとう。」

聡の顔がパッと輝いた。

「それから、これ、冬休みコースの申し込み。事務室に出しといてね。」

「冬休みも塾に行くの？」

「私立中学を受験するつもりなら、合格するまで休んでる暇はないそうよ。大変だろうけど、もう少しがんばろうね。ほら、三十五分のバスに乗るんでしょ。早く、早く。」

時折のぞかせる智恵の優しさは、聡の救いになった。聡は五百円玉を確かめるように、もう一度、財布をのぞいた。


頬にあたる風が冷たかった。ポケットに手を入れて、聡は足早に歩く。

——あーあ、冬休みもなしか、つまんないな。クラスのみんなと、スケートに行く約束をしたのにな。約束は破るし、たいっちゃんは裏切るしで、ぼくはホントにイヤなヤツ、最低だよ。もう、いやんなっちゃうよ。

うつむいて、聡は唇を強くかみしめた。強い風に吹き飛ばされそうになって、聡はふらふらとよろめいた。

――かったるいな。なんか、すっごい疲れたよ。このまま、もう眠りたいくらい……。

そう思っても、きまじめな聡の足は休まない。ハアハア息を吐きながら、目の前にある長い坂を、バス停へ向かって上っていく。

夜遅く、塾から帰った聡を、孝子は強い口調で責めた。

テーブルの上には、算数の答案用紙が置いてある。

「ばっかねえ。こういう小さなミスが、受験の場合は命取りになるのよ。冬休み中は、ドリルで単純計算の練習を徹底してやるのね。ほんとにバカねえ。」

――九十八点のたいっちゃんがバカなら、三十五点のぼくは、どうなるんだろう。

孝子の小言をうわの空で聞きながら、聡は思っていた。高圧的でかんにさわる孝子の声が、耳の奥にたまっていく。

――疲れるなあ。

聡の疲労度が増して、小さなあくびが連続して出た。孝子は立ち上がり、冷蔵庫を開けると、中から子ども用のドリンク剤を出した。飲みなさい、そういって、ポンと聡の前に置いた。聡が飲み終わるのを待って、

「さあ、あとひとふんばりよ。塾の復習とドリルをやってしまいましょ。」

冷たく、孝子はいいわたした。

歯形のついた鉛筆

淡い冬の陽射しが、窓いっぱいに降り注いでいる。

掃除を終えて、智恵は聡の部屋に上がってきた。

「いい天気ねえ。お日さまが気持ちがいいこと。」

大きな声でひとりごとをいった。窓辺に座って庭を見下ろすと、ピラカンサの赤い実が、色のない冬の庭に映えていた。

この時間、家には智恵がひとりだけになる。娘の孝子とその夫の純一は仕事に、孫の聡は学校に、それぞれ出かけていった。

「聡の顔、だんだん暗くなっていくみたいねえ。どうしたらいいのかしら。」

智恵は、出がけの聡の表情を気にかけながら、机の引き出しを開けた。聡が翌日使う鉛筆をきれいに削ってそろえておくのが、智恵の日課になっていた。

引き出しを開けて鉛筆を取り出した智恵は、驚いて息をのんだ。入っていた十本の鉛筆は、芯が折れ、ギザギザに歯形がついていた。無残な姿に、智恵はため息を吐いた。

「せっかく、きれいに削ってあげたのに。」

聡のいらだちの深さに、まだ智恵は気づかないでいた。

智恵は何もいわず、新しい鉛筆を足して、きれいに削って並べておいた。

翌日も、鉛筆の芯は折れ、激しくかみついた跡がついていた。

聡の行為は、一週間つづいた。

——やっぱり変だわ、聡のシグナルかもしれない。

ようやく智恵は、聡の心の痛みと向き合う決心をした。


台所の小さな窓から、冬の星が見える。智恵は、かすかなため息をついた。

——きょうは、いわなきゃ。

そう心に決めると、智恵は背中をスッとのばした。

和室の炬燵に入って、孝子は新聞を読んでいる。純一はお茶をすすりながら、テレビのニュース番組を見ていた。

「ねえ、ちょっと話があるの。聡のことなんだけど。」

ひざを炬燵につっこんで、智恵は話を切り出した。視線を向けて聞いている孝子の顔には、いらだちが張りついている。智恵の話が終わるのを待って、

「何の不満があるっていうのよ。十分なことをしてあげてるでしょ。」

孝子は読んでいた新聞を、投げつけるように置いた。

「聡には、受験が重荷なんだと思う。だから。」

いいかけて、智恵は口をつぐんだ。がんこな孝子には、何をいっても無駄なような気がしてきた。姑と妻の顔をちらちらと盗み見ながら、純一はお茶をすすっている。

「あのねえ、お母さん。」

孝子は、子どもにいい聞かせるような、見くだした言い方をした。

「うちの中学には、いろんな子がいるの。土地柄のせいもあるけど、まだ中学生なのに、家族のために働いている子もいるわ。家庭環境に恵まれない子が多いのよ。学校は学びの場ではなくて、息抜きの場所になっているの。授業は、クラスの半分が聞いていればいい方よ。教師を困らせて、おもしろがってる。叱ろうにも、家庭の事情を知っているから、かわいそうで叱れないの。子どもなのに、おとなの私より生活の苦労を知っているのよ。」

きつい声で、とどめをさした。

「環境が大事なの。聡には、勉強に打ちこめる環境を与えてやりたいのよ。受験を重荷と感じてしまうような、弱い子じゃダメなの。お母さんが甘やかすからよ。きびしくしてって、いったでしょ。」

孝子の気迫に押されて、智恵はたじろいだ。矛先を変えてみる。

「純一さんはどう思うの。それでいいの。」

目を孝子の横顔に泳がせてから、純一はおもむろに口を開いた。

「聡の教育は、孝子とお母さんに任せていますから。ふたりともプロなわけだし、素人のぼくが口をはさむ余地はないでしょう。」

民間会社に勤める純一は、単身赴任でしばらく家庭を留守にしていた。家に帰っても自室にこもり、パソコンに向かっていることが多い。もともと無口な性格もあり、聡の教育には、いっさい口を出そうとしない。

「もういいわ、お母さん。私、これから進路指導の資料を作らないといけないの。この時期、忙しいの、わかってるでしょ。おおげさに考えすぎよ。」

そういうと、孝子は立ち上がった。階段の下から、大きな声で聡を呼んだ。

「聡！　下りてきなさい！」

階段の上に、細おもての聡の顔がのぞいた。

「聡！　あんた、何やってんの。おばあちゃんが削ってくれた鉛筆なんだから、大事に使いなさい。きょうからは、全部自分でやりなさいよ。」

そういうことじゃないよ、孝子……。自分にも聞きとれないほどの小さな声で、智恵は反論した。聡は階段の上から、じっと智恵を見下ろしている。心を鋭く刺されるようで、智恵は思わず視線をそらした。

必死の抵抗

年明けに、聡はあることを決心した。

――実力行使をするしかない。

塾で習った四文字熟語が、聡の決意にぴったりとあてはまった。

――やる気のないやつはクビだぞ。規定の点数に達しないと、塾をやめてもらうからな。きのう、塾の先生がそういった。聡は思わず、ビンゴと心でさけんだ。クビにしてもらえばいいんだ。そうすれば、お母さんだってあきらめるだろう、と聡は思った。

一月の模擬テストは、意図的に白紙すれすれにして提出した。結果は最下位だった。

成績がぐんぐんと落ちていった。学校のテストも同じようにした。

孝子は怒り狂った。聡の大切にしていたゲームソフトもコミックもプラモデルも、全部まとめてごみ袋に入れて捨ててしまった。

聡は、コミックが好きだった。智恵への信頼が消えてからは、聡の心の安まる場所は、コミックの世界しかなくなった。

塾へ行く時にもらうジュース代やバス代は、なるべく使わずに貯めておく。三百九十円が貯まったら、コミックが一冊買える。聡に残された楽しみは、もうそれだけだった。

聡の部屋の壁に、一日のスケジュール表が張り出された。一分単位で決められた表を見ていると、聡は呼吸をするのさえ遠慮しそうになった。

——自由なのは、トイレだけか。

聡は考えた。セーターの下にそっとコミックを隠して、トイレへ行く。おなかが痛いといえば、トイレの時間が長くなっても智恵は何もいわなかった。味をしめて、聡は頻繁にトイレに行くようになった。

智恵はうすうす知っていたが、聡が不憫で、わざと知らないふりをしていた。

「おなかはよくなったの。」

「うん、すっきりしたよ。」

——この子、あっさりと嘘をつくようになった……。

智恵は、そのことが悲しかった。


土曜日の午後。聡はつい、油断をした。

智恵の目をごまかせたと思った聡は、孝子にも同じ手を使ってしまった。

「セーターを脱ぎなさい。」

聡はしぶしぶセーターを脱ぐ。ズボンにはさんだコミック本は、隠しようがなかった。

孝子は、机の下も上も、引き出しの奥も徹底して調べた。隠していたコミックは、わずかなお金とともに、孝子に押収された。

トイレの時間も限定されてしまった。時計を右手に持った孝子か智恵が監視に立ち、時間を超過すると激しくノックされた。


夜半ごろから降りだした雨が、コツコツ樋にあたる音がする。

昼間の出来事が悔しくて、聡はベッドで泣いていた。押収されたコミックは、聡の大切な〝心の場所〟だった。孝子の行為が理不尽に思えてならなかった。聡の心は、孝子への憤りで爆発しそうにふくらんでいく。

——なんでお母さんは、あんなひどいことが平気でできるのかな。ぼくは、お母さんの奴隷みたいじゃないか。こうなったら、実力行使しかない。

泣きじゃくりながら、聡はまた新たな決心をした。

日曜日の夕方、聡は家出をした。

夕食の仕度で、智恵と孝子の監視の目がゆるんだ隙をねらった。

「聡、夕食よ、早く食べなさい。時間がなくなるわよ。」

智恵は二階に向かって、声をかけた。聡の返事はない。智恵は二階にかけ上がる。部屋の中に、聡の姿はなかった。

——おかしいわね。どこにも行くはずはないのに。

智恵はふと、聡の机の上を見る。開いたノートに走り書きがしてあった。

ぼくは家出します。もう我慢できません。捜さないでください。
おばあちゃん、お金を借りました。ごめんなさい。
聡

智恵の体から、力が抜けていった。その場にぺたりと座りこんでしまった。はらはらと涙が落ちてくる。

「孝子！　純一さん！　聡が……。」

喉の奥がひきつれて、かすれた声しか出なかった。

聡のメモを読む孝子の手は、さすがにふるえていた。きつい目で智恵をにらんでいった。

「だから、お金の管理はちゃんとしてってっていったのに。もう、やんなっちゃうわね。」

「まだ、遠くへは行ってないだろ。ちょっと駅の方を見てくるよ。」

純一はコートをひっかけると、外へ飛び出していった。

「あと、行きそうなところはどこかしら。友だちのところはどうかな。お母さん、聡の友だち、知ってる？」

智恵は、首を横にふって静かにいった。

「あの子に友だちはいないよ。友だちを作る時間を、全部取り上げたもの。」

痛いところをつかれて、孝子は言葉を失った。

「じゃ、とにかく、近所を捜してみるわ。」

小さな声でぼそりというと、部屋を後にした。エアコンの低い音が、静かに室内に流れている。

——じっとしていられない。私も捜しに行こう。

智恵は立ち上がり、階段を下りた。

——聡を早く捜しに行かなきゃ。おなか、すかしているだろ、かわいそうに。

そう思いながら、智恵は玄関でサンダルをはく。ふと、思った。

——どこに捜しに行くの？　どこを捜せば、聡はいるのかしら？

聡と毎日いっしょにいたのに、智恵は、何も思いあたらなかった。

——聡のこと、何もわかっていなかったんだわ。

聡の孤独が、智恵の胸に強く迫ってきた。全身に悪寒が走る。智恵は両腕を抱いて、うずくまるように、上がりかまちに腰を下ろした。

——この家の三人のおとなは、だれひとりとして、聡を守ろうとしなかった。あの子の気持ちに気づかないふりをして、どんどんあの子を追いつめていった。いちばん小さな聡にいちばん重い荷物を背負わせて、追い出すようなことをした……。聡、ごめんね。

智恵はエプロンで、涙をふいた。

――無事でいてね、聡。神様、お願いします、聡をお守りください。

事故にあっていないだろうか。自分の身を傷つけてはいないだろうか。次々と悪いことばかり考えてしまう。智恵の体はふるえ、気が遠くなりそうだった。

深夜十二時。聡は、純一に肩を押されるようにして帰ってきた。

「駅前のコンビニで、マンガ読んでたよ。すみっこにいたから、見逃すところだった。さ、家に入りなさい。」

そういって純一は、聡の背中をぐいっと前へ押した。聡は何もいわず、足もとのスニーカーに目を落としたままだ。

「お帰り、聡。おなかすいたろ。早く中へお入り。」

泣きながら、智恵は聡の手を取った。冷たくかじかんだ聡の手に、智恵の涙が落ちた。

「寒かったでしょ。心配したのよ。」

智恵のあたたかさに、聡の固い心が緩んでいく。涙があふれる。聡はうつむいたまま、こぶしで涙をふいた。智恵に促され、スニーカーを脱ぎかけた聡の頭上に、孝子の冷たい声が降ってきた。

「五時間のタイムロスよ。今日は寝ないで取りもどすのね。」

智恵と純一は、孝子の顔を見た。一瞬の沈黙が流れる。言葉の意味が理解できないというように、智恵は眉をひそめた。

「タイムロス……。孝子、あなた、なんてことをいうの。」

「お母さんは黙ってて。子育ては戦争なのよ。私と聡の戦いなの。負けるわけにはいかないのよ。」

うなだれていた聡が、ぱっと顔を上げた。激しい憎悪の目で、孝子を見つめてさけんだ。

「うるせえ！　くそばばあ。」

突然の反撃に唖然としている孝子を押しのけて、聡は二階へ上がっていった。音高くドアを閉めると、そのまま部屋に閉じこもってしまった。

戸を開けたままの玄関に、強く冷たい風が吹きこんできた。

Date　・　・　No.

〈カウンセリングノート〉

心の叫びを伝えるサイン

「昨夜、孫が家出をしたんです。幸い、五時間ほどで無事に帰ってきてくれたんですが、心配で、いても立ってもいられませんでした。」

思いあまって相談に来られたAさんの顔は、蒼白でした。ゆうべは一睡もできなかったと、充血した目をしばたたかせます。几帳面に折りたたんだハンカチを握りしめて、椅子に座ると同時に、Aさんはいいました。

「とてもいい子で、何の問題もなかったんです。」

話の接ぎ穂に、同じ言葉を繰り返しながら、Aさんは息もつかずに話し始めました。

家族は、小学校の教師をしていたAさん、中学の教師をしている娘とその夫、そして五年生になる子どもの四人です。娘は、子どもを優秀な子に育てたいと切望していました。娘の意をくんで、Aさんは退職し、子どもの教育に専念することにしました。

「最近の子どもたちはわがままで、私の枠内におさまってくれないんです。毎日疲れて、教師として限界を感じていましたから、仕事に未練はありませんでした。」

幼子は、扱いにくい小学生と違って、Aさんの枠の中で素直に育っていきました。Aさんは、子育てに夢中になりました。幼児教室から塾へと、評判を聞いては遠くまで子どもの手を引いて通いました。打てば打つほど、子どもは素直な音を響かせてくれました。

「でも、甘やかしたりはしませんでしたよ。孫かわいさの感情を抑えて、娘ならどうするだろうと、いつも考えていました。私は本当に一生懸命に育ててきました。何がいけなかったのでしょうか。」

まちがってはいなかったはず。私の存在を忘れているかのように、Aさんは自問自答しながらつづけます。

「本当にいい子なんです、何の問題もなかったんです。」

子どもは素直で、両親にもAさんにも、いっさい口答えしたことがありませんでした。いわれるままに塾に通い、計画表にそって日々を送っていました。

Ａさんは、バッグの中から一枚のプリントを出して、テーブルの上に広げました。食事時間までが細かく記載された、塾の計画表でした。Ａさんは子どもの日常を、詳しく説明してくれました。そして顔を上げると、

「食事時間は、十五分しかないんです。」

眉をひそめていいました。十五分で食事ができるように、魚の身をほぐし、肉を小さく切り、やわらかく簡単に食べられる献立に苦心したといいます。

「塾の先生は、十五分もあれば十分だというんですよ。でも、子どもですもの、無理だとは思いませんか。」

無理ですよね、ひとりでうなずいて、Ａさんはまた話をつづけます。どんなに無理だと思っても、Ａさんは時計を止めることはしませんでした。きまじめに時間を計りつづける祖母の隣で、子どもの心はきりきりと音をきしませながら、ネジを巻かれていきました。

「食前に算数のドリルと、食後に漢字のドリルをしなければいけないんです。それも、時間が決まっているんです。」

身を乗り出すようにして、Aさんはいいます。あまりの気合いに、私はつい苦笑してしまいました。

「食前、食後のドリルとは、健康に悪いクスリですね。」

初めて私の存在に気がついたように、Aさんは驚いた顔をしました。私を軽くにらむように見ていましたが、やがて、フッと笑っていいました。

「はたから見ると、変でしょうね。」

独白をしめくくるように、長いため息を吐きました。

「渦中にいる時は、わからなくなるものですよ。」

慰めるように私がいうと、Aさんは小さくたたんだハンカチを握りしめながら、しきりにうなずいています。胸にためていた多くの疑問を、一気に吐き出したことで、気持ちが楽になったのでしょうか。蒼白だったAさんの頬が、ほのかに赤くそまりました。

少し静かな時間をおいたあとに、たずねてみました。

「お孫さんは、ほかにもサインを送っていませんでしたか。」

記憶をたどりながら、Aさんは子どもの心を探します。

「鉛筆をかんだり、芯を折ったりしたんです。娘が叱りつけておさめたんですが。」

そうか、叱られたのか、かわいそうに……。子どもの痛みが伝わってきて、私は思わず声に出しました。Aさんの顔が曇りました。

「それから……。三学期に入って急に成績が落ちたんです。予習では簡単に解いてしまう問題なのに、まちがえたり空白だったりで、娘が激しく怒りまして……。」

子どもの必死の叫びが、ようやく届いたようです。細い肩をふるわせて、Aさんは泣きだしました。

愛を注ぐほど子どもは強くなる

巻かれつづけたネジが切れそうになって、子どもは心の叫びをあげました。

「おばあちゃん、ぼくを助けて。」

祖母が削る鉛筆をかみ、芯を折り、子どもは声にできないストレスを、信頼を寄せるおとなへ向けて伝えようとしたのでしょう。

けれど、結果は最悪のものでした。裏切られたと思った子どもは、自力で脱出を試みました。切れる寸前のネジを抱えて、子どもは必死だったと思います。

母親の強圧的な管理から逃れるためには、成績を落とし、受験をあきらめさせることだと考えたのではないでしょうか。模擬テストの答案を、故意にバツで埋める手段を取りました。解けるはずの問題をミスし、難解な問題をクリアしているという答案用紙に、子どものプライドが感じられて哀れです。

「ぼくの時間を、返してくれ！」

子どもの精いっぱいの叫びが、聞こえてくるようです。

それでも、ネジは巻かれつづけます。

ネジを巻く手を止めるには、支配から抜け出すしかありません。自分を守るために行動せざるを得なかったのでしょう。

ネジが切れたら、激しく反撃するか、うずくまるしか術《すべ》はありません。

「本当にいい子だったんです、何の問題もなかったんです。」

涙で湿ったハンカチを手でもてあそびながら、Aさんはいいます。

「人はだれでも、問題を抱えていますよ。生きているんですから、当たり前のことです。問題があるのは、恥ずかしいことではありませんよ。」

私は、できるかぎりの穏やかさでいいました。じっと私を見ていたAさんの目から、ぼろぼろと涙がこぼれました。

「あの子、部屋に鍵をかけて、閉じこもってしまったんです。このまま、学校にも行かず、ずっと閉じこもってしまったら、どうしたらいいんでしょう。」

初めて、Aさんの感情にふれたような気がしました。

「私は、育て方をまちがえたんでしょうか。受験にも耐えられないような弱い子になったのは、私が甘やかしたせいだと、娘に責められました。」

ひざの上にきちんと両手を重ね、Aさんはすがるような目を向けます。

「お孫さんは知恵を駆使して、自分を守ろうとしたんです。悪いのは、支配される方ではなく支配しようとする方ですよ。おばあちゃんの優しさがなかったら、自分の存在に自信をなくして、もっと悲惨な結果になったと思います。」

はっと息をのみこんだまま、Aさんは真剣に耳を傾けます。

「おばあちゃんが、自分を大切に思っていてくれるということを、お孫さんはわかっているんでしょう。だから戦えたんだと思いますよ。愛は注ぐほどに、子どもは強くなります。」

Aさんは、ハンカチで顔をおおって泣きました。

「愛することに遠慮はいりません。時には、思いっきり甘やかすこともいいですよ。かわいいと思ったら、抱きしめて頬ずりしてあげてください。何よりも、お孫さんの心を大切にしてあげてください。」

「はい……。はい……。」

小さな声で言葉を返しながら、Aさんは何度もうなずいていました。

心の中で、自分の思いを確認しているのでしょうか。Aさんは、しばらくの間、うつむいて考えにふけっていました。やがて、ゆっくりと顔を上げていいました。

「なんだか、迷いが吹き飛びました。帰ったら、孫を抱きしめてやります。頼りがいのないおばあちゃんでごめんね、とあやまります。無理だと思ったら、時計を止める勇気を持ちましょう。理不尽なことを娘が要求したら、孫と一緒に、断固戦いましょう。私の命に代えても、孫の心を守ります。先生、それでいいんですよね。」

涙で光るAさんの頬に、ほほえみがいっぱいに広がりました。大きくうなずく私の胸にも、熱いものがこみあげてきました。

タイムロス——。

子どもの成長に、無駄な時間などない。すべてが貴重な体験なのだと、私は強く思いました。

ファイルナンバー4

ヘルプ

一見穏やかな中学校の教室で、
少年は執拗ないじめに耐えていた。
無理解な教師たちの仕打ちが、
傷ついた心をさらに追いつめていく。
そしてついに、我慢の限界を超える日が訪れた。

いじめには、もう慣れた

春のやわらかな陽射しが、教室のすみずみまでさしこんでいた。

掃除を終えたばかりの三年B組の教室には、清新な空気が満ちている。

木原良太は、もう一度教室を見わたした。モップをかけた跡が、レールのようにきれいに並んで光っていた。ほかの掃除当番は、良太が掃除をしている間、窓辺で陽射しを浴びながら談笑している。

――よし、これで終わりだ。

良太は、掃除道具をきれいに整頓して入れた。

「わりいな、木原。まだ、ごみがあったわ。」

田島明が、丸めた紙屑を良太の背中に投げつけた。良太はだまってそれを拾い、空になったごみ箱へ捨てる。明がニタリと笑った。

「木原、これもまだだったよ。」

ふり向いた良太の顔に、明が投げた黒板消しが命中した。良太は、チョークの粉でむせかえった。ケタケタと、愉快そうに明が笑う。教室に残っていた生徒たちも、声をあげて笑った。

「よけると思ったのにな。木原はやっぱ、うすのろ、まぬけ。」

そうだよな、みんなは顔を見合わせて、また笑った。

良太が顔を洗ってもどると、みんなは待ちかまえていたように、良太を取りかこんだ。

「掃除も早く終わったことだし、一緒に遊ぼうぜ。おれたち、早口ゲームをやるんだ。木原もやるよな。できなかった罰は、必殺一発パンチな。やろ、やろ、やろ。」

良太は顔をこわばらせて、首を左右にふった。明はうすら笑いを浮かべて、良太に近づいてくる。

「いいじゃん、木原。新しいクラスになって、まだ友だちいないんだろ。おれたちが遊んでやるっていってんじゃん。喜べよ。」

明は爪先立ちをして、大きな良太の首に右手をまわした。否応なく、良太はゲームに参加することになった。絶対に勝てないゲームに……。

野アザミが、畑の畔道で春風に揺れている。緑の草の中から、ヒバリが鋭い声をあげて飛び立った。

よろけるように畔道を歩いていた良太は、足を止めて、ヒバリの行方に目をやった。水色の空をまっすぐに、ヒバリは飛んでいく。空を見上げる良太の目から、不意に涙がこぼれた。白く靴跡のついた学生服の袖で、良太は涙をぬぐった。

——母さんとばあちゃんが心配するだろな。

良太は、汚れた学生服を手ではたく。白いワイシャツには、血が飛び散っていた。切れた唇がしびれるように痛んで、良太は顔をゆがめた。

畔道にひざをついて、良太は、畑からやわらかな土をすくい取った。その土を、血のついた白いワイシャツにこすりつける。生々しい血の赤が、泥に汚れて薄れていった。

——これなら、ごまかせるかもな。

じんじんと痛む頬にも、良太は泥をつけた。手でさわると、かなり腫れてきていた。

——農道を走って帰ったら、転んじゃったよ。

母へのいいわけを考えながら、良太はとぼとぼと畔道を行く。体格のいい大きな肩を、がっくりと落として歩く良太は、ひとまわり小さく見えた。家の近くまで来ると、良太は大きく息を吸い、心を落ちつけた。

よし、行くぞ。良太はこわばった顔に、無理やり笑顔を作ってみる。唇に、鋭い痛みが走った。ブロック塀をまわって門を入ると、庭には薄い闇が降りていた。

「良ちゃん、お帰り。」

祖母のはずんだ声が、良太を迎えた。

夕暮れ時、庭先に出て良太の帰りを待つのが、祖母の日課になっていた。ここ数年間、目の手術や骨折で入退院を繰り返した祖母は、かなり老いて気弱になった。心優しい良太をすっかり頼りにしている。

「ばあちゃん、暗くなったら、ひとりで外へ出ちゃダメだよ。ほら、ここ。ばあちゃん、いっつもここでつまずくだろ。散歩したかったら、おれが帰ってからにしろよな。」

良太はかけよって、祖母の手を取った。良太の腕に細い体をあずけるようにして、祖母はゆっくりと歩を進む。あら、小さく声をあげて、祖母は良太の顔を見上げた。

「良ちゃん、顔もシャツも泥だらけじゃないか。どうしたの。」

そうたずねながら、祖母は良太の頬に手をあてた。

「いやだ、腫れてるよ。早く手当てをしないと。」

心配そうに眉を曇らせる祖母に、だいじょうぶ、だいじょうぶ、元気にいって、良太は笑顔を作った。勝手口の戸が開いて、母の登美子が飛び出してきた。

「ああ、よかった。」

登美子はふたりの姿を目にすると、安堵の声をあげた。

「買い物から帰ったら、ばあちゃんがいないんだもの。心配しちゃった。ばあちゃん、外へ出たら危ないって、いったでしょ。」

少しぼけてきた祖母を、叱りつけるようにいった。散歩に出たまま帰れなくなることがつづいていて、登美子は神経質になっていた。祖母は思いがけないほど、しっかりとした声で答える。

「まだ迷子になるほど、ぼけちゃいないよ。それより、早く、良太の手当てをしてあげなさい。ほっぺたが腫れて熱をもっているよ。」

登美子は、祖母から良太へと、ゆっくりと視線を移していく。

「良太、その顔、どうしたの！」

大きく目を見開いて、登美子はさけんだ。その目にみるみる涙があふれる。

「また、いじめなの？」

首をふって否定すると、良太は息を吸いこんだ。用意した言葉を一気に口に出す。

「近道をして農道を走ってさ、転んだんだよ。たいしたことないって。」

笑顔を作ろうと思っても、思うようにいかなかった。祖母と登美子は、良太の顔をじっと見つめている。

腕を取る良太の手に自分の手を重ねて、祖母はよく通る声でいった。

「良ちゃんがそういうなら、そうしとこうか。けど、助けが欲しかったら、いうんだよ。命も体も、大切なあずかりものなんだよ、良ちゃんひとりのもんじゃないからね。」

「わかってるよ、ばあちゃん。今度から気をつけるから。」

祖母の励ましがうれしくて、良太の胸は熱くなった。

「良太、本当にだいじょうぶなの。」

登美子は泣きそうな声でいった。

——だいじょうぶさ、いじめには、もう慣れたよ。

心でつぶやくと、良太はふたりに明るい笑顔を向けた。

血を流す心

良太の通う中学校は、都心にほど近いベッドタウンにある。高層住宅の建ち並ぶ周辺を少し離れると、通学路には、まだ田畑が残っていた。

生徒の半数が都心部の私立高校受験を目指す、荒れのない良い中学校といわれていた。父母たちの教育熱も高く、生徒たちは表面上のルールに極めて従順だった。市内の他校で見られるような、個性的なファッションをしている生徒を見かけることもなかった。


春の体育祭が、間近に迫っていた。

グラウンドには、A組とB組の男子が集合していた。いちばん後ろの列で、良太はのんびりと空を見上げている。

「げっ、グラウンド十周走るのかよ。きついな。」

「おれ、きょうは塾の試験があるんだよな、体力、温存しときたいのによう。」

「さぼりてえなあ。」

「けどさ、これ、評価の対象になるんだろ。」

「やっべえ、やるっきゃないじゃん。」

評価の対象となれば、話はちがってくる。生徒たちは、まじめに取り組むしかない。ざわついていた生徒たちは、静かに整列を始めた。

体育担当の佐藤幸治先生が、野太い声をはりあげた。

「ダラダラするなあ。何事にも全力であたれ！」

ペッ。明が良太の足もとに、唾を吐いていった。

「全力投球ばっかやってたら、スタミナもたねえよ。」

「おれたちを、ロボットだと思ってんじゃねえの。」

隣で、こそりと駒田洋介がつぶやいた。

首に下げたホイッスルを口にくわえると、佐藤先生は頬をいっぱいにふくらませる。生徒たちの顔は真剣になる。ピーッ。笛が鳴ると同時に、いっせいに走りだした。

グラウンドの乾いた土が煙のように立ち上がり、地面が揺れた。良太は突き飛ばされ、押されて、集団のいちばん最後になった。人を押しのけて突き進むことが、良太にはできない。

——いいさ。おれは後で。

ずっと、そう思って生きてきた。家族の中で良太は、二歳ちがいの弟、昌平の攻撃的な性格を受け止めながら育った。

最後尾を、良太はゆっくりとマイペースで走る。

先頭集団がゴールを切った後も、良太のスピードは上がらなかった。悠然と走りつづける。

「全力で走れっていったろ、もっとスピード上げろよ。いらいらするなあ。」

良太が目の前を通過するたびに、佐藤先生はいらだった。コースに良太と数人が残るころになると、佐藤先生はいらだちを隠しきれなくなった。大声でさけんだ。

「木原、このノロマ！　おまえ、それでも人間か。豚でも、もっとマシな走りをするぞ！」

グラウンドに散らばっていた生徒たちの目が、良太に集中した。

「木原の短足、走れ、ほら！」

佐藤先生の飛ばすヤジに、生徒たちはどっと笑った。

良太は、かあっと熱くなった。視線を浴びせられている緊張で、冷や汗が噴き出した。体がこわばり、走ろうとしても足が思うように上がらない。

「なーにやってんだ、アホ。まじめにやれ。」

佐藤先生の声が、校舎に反響してエコーになった。ますます重くなった足がもつれて、良太は、大きな音をたてて転んだ。強く打ったひざの痛みに、良太の顔がゆがむ。ジャージのひざ頭から、血がにじんできた。

生徒たちは手をたたいて、笑い転げている。佐藤先生が失笑しながらいった。

「まったく、どうしようもないなあ。豚以下だ。」

良太は体を起こす。必死に涙をこらえた。ひざの痛みより、心が痛くてたまらなかった。心からあふれ出る血を抑える方法がわからなくて、良太は途方にくれた。


音楽の授業は、B組担任の柴田れい先生が担当する。

「チェックの柴田」と陰でいわれるほど、柴田先生のきびしさは有名だった。特にチャイムの鳴り終わるまでに全員が着席していないと、激しいカミナリが落ちた。

体育の後のけだるい体をせきたてるようにして着替えると、生徒たちは北校舎にある音楽室へと走った。少し遅れて、良太も北校舎へと向かう。増築をした北校舎への渡り廊下には、まだペンキの臭いが強く残っていた。

突然、強い風が吹き、渡り廊下に数枚の紙を散らしていった。生徒たちは、平気で踏みつけて通りすぎていく。

チャイムの音を聞きながら、良太は立ち止まり、紙片を拾い集め始めた。ごみ箱へ捨てに旧校舎へともどる。

「こら、何やってるの！　チャイムが鳴ってるでしょ。」

廊下で出会った柴田先生は、良太を見ていった。

「す、捨ててくるだけですから。す、すぐ、行きます。」

そういいおいて、良太は走った。視力の弱い祖母は、廊下に落ちていた一枚の紙に足をとられて、骨折した。祖母の痛みを思うと、良太は道路に転がる空き缶を拾い、廊下に落ちている紙くずにも自然に手が出るようになった。

「もう、何を考えてるんだか。つかめない子だわ。」

ぼやく柴田先生に、通り合わせた大沢隆先生は、感心したようにいった。

「木原はえらいヤツですよ。あいつの優しさには裏も表もないから、見ていて気持ちがいいですよ。」

「あの子、去年まで大沢先生のクラスだったんですか。」

笑顔でうなずく大沢先生に、柴田先生は肩をすくめて冷ややかにいった。

「大沢先生は、受容度が大きいんですね。私はだめだわ。ああいう子の扱いって、むずかしい。大きな問題を起こしそうで、こわいわ。」

唖然とする大沢先生の前で、柴田先生はわざと身ぶるいをしてみせた。

「相性の問題かしら。とにかくああいう子、私、嫌いよ。」

「柴田先生、それ、ひどいですよ。」

ムッとした顔で大沢先生は抗議する。さすがに、柴田先生はいい過ぎたと思った。肩をすくめ、これ、内緒ね、だれにもいわないでね、そういって音楽室へと走り去った。そのすぐ後を、良太が走る。軽く頭を下げて通りすぎる良太に、大沢先生は、

「木原、急げ。」

と声をかけた。ふり返って、良太はにっこり笑った。

負けるなよ、木原。大沢先生は、笑顔を返しながら思った。

良太は、人とうまく話せない。緊張したり、せかされると吃音《きつおん》になり、なめらかに言葉が出てこなくなる。

――大沢先生なら、平気で話せるのにな。柴田先生の前だと緊張するの、なんでだろ。

三年生になってから、なんだかうまくいかないよ、どうしてだろう。

新学期が始まって以来、良太は不安と緊張の連続だった。先生に指名されないように、生徒たちに話しかけられないようにと息をひそめていた。それでも、良太の弱みをかぎつ

けて、明たちが執拗に早口ゲームをもちかける。良太が吃音であることを承知のうえでの、あきらかなリンチだった。

先生たちのあざけり

高校入試では、内申点が筆記テストと同じように重視される。意欲や素行、生徒会活動などという自主的なものまで、学校生活のすべてが評価の対象となってくる。

「もう、高校受験はスタートを切っているのよ。行動する時は、よく考えてすることね。すべて評価の対象になりますからね。」

柴田先生はそういって、鋭い視線を走らせていた。不満には思っても、生徒たちは順応していくしかない。感情を殺し、柴田先生の好感度の高い、穏やかで従順な生徒像を演じるようになる。心の奥には、マグマのような熱いストレスがたまっていく。

生徒たちは、高校入試がゴールとなる高速道路を、フルスピードで走らされる車のようだった。走りだしたら、流れからはずれるわけにはいかない。良太はちがった。どんなにあおられても、制限速度を守りマイペースで走っていく。生徒たちのいらだちの矛先は、良太の悠然さに向かっていった。

柴田先生はピアノの前にすわると、張りのある声でいった。

「ひとりずつ前に出て、歌ってもらいましょうね。」

エーッ、やだー。生徒たちが、いっせいに声をあげた。柴田先生の鋭い目が、声のあがった方向へ走った。

「テストの点に入るから、手を抜かないように。わかってるでしょうけど、内申には音楽の一点でも貴重ですからね。」

柴田先生の言葉に、ざわめきはピアニッシモのように小さく消えていった。

生徒たちにとって、内申書への不安は実体以上の重さでのしかかっている。早々に抵抗をあきらめて、生徒たちは音楽の教科書を開いた。

良太の心臓は爆発しそうだった。前に出て歌うことを思うと、心臓が体になったかと思うほどに高鳴った。

——まいったな、歌えないよ。つっかえたらどうしよう……。

頭がガンガンと痛くなった。

「木原くん、何やってるの。時間がないんだから、さっさとしなさい。」

柴田先生が、きつい目で良太を見ている。困っている間に、良太の順番になった。のろのろと良太は立ち上がる。すかさず、明が小声で歌いだした。

「キ、キ、キハラ、ド、ド、ドミソ。」

良太の色白の顔が、真っ赤にそまった。心が痛くて、良太は動けない。クスクスと笑いながら、明は繰り返して歌った。しのび笑いの波は、音楽室いっぱいに、さざなみのように広がっていく。良太はくずれるように席に座り、熱い頬を腕の中にうずめた。

さざなみの存在に気づかないままに、柴田先生はいらだった声でいった。

「木原良太、返事をしなさい！」

柴田先生は、座ったままの良太の態度を、自分への反抗と受け取った。怒りをたたきつけるように、ピアノの鍵盤をバーンと乱暴に鳴らして立った。

つかつかと良太の席の前に来ると、柴田先生はいった。

「木原くん、顔を上げなさい。」

赤くほてった顔を、良太はゆっくりと上げた。柴田先生は、良太を冷たく見下ろした。ジャケットのポケットからティッシュペーパーを取り出した柴田先生は、良太の目の前で、くしゃくしゃと丸めた。生徒たちは息をつめて、柴田先生の行動を見ている。丸めたティッシュペーパーを、柴田先生は、良太の机の上にぽんと置いていった。

「捨てていらっしゃい。」

有無をいわさない強さだった。良太は素直に従った。机の上に置かれたティッシュペーパーの塊を持って、ごみ箱へ捨てに行く。やがて、席にもどった良太に、柴田先生は静かにほほえんでいった。

「ごみを捨てに行くぐらいしか、能がないのね。」

笑いのさざなみが、また大きく広がっていった。良太は思わず、胸に手をあてた。心が激しく痛んだ。唇をきつくかみしめて、良太は必死で耐えた。


そよ風が、カーテンを揺らしている。

初夏の陽射しが、きらきらと窓に反射してまぶしかった。

良太の前の席で、明の頭がぐらりぐらりと揺れている。教室を見わたすと、明と同じように揺れている頭がいくつもあった。

数学の野中肇先生の授業は、スピーディーだ。黒板の端から端まで数字を書きながら、早口で説明をしていく。しかも、よく聞き取れない小さな声だった。まるで新幹線に乗っているような気分だった。しっかりと目をこらしていないと、今、何を学んでいるのかさえ、わからなくなる。

そよ風が、眠り薬をまき散らしていく。黒板をすべるチョークの音に合わせて、舟を漕ぐ頭がまた増えていった。大きく体を揺らして、眠っている子もいる。良太はあくびをかみ殺した。

「ようし。ここまでの説明で、わからない人、手をあげて。」

生徒たちの方をふり向いて、野中先生は顔色を変えた。ほとんどの生徒が眠っている。野中先生の不機嫌さは増していった。出席簿を開き、数学が苦手そうな生徒から順番に指名していった。良太は、眠気が吹き飛んだ。

——きのう、予習してきてよかった。ここならわかる、答えられる。

開いた数学のノートで、良太は答えを確認した。

質問に答えられずに立ち往生する生徒を、野中先生は、次々と罵倒していく。

「こんな問題、サルでもできるぞ。」

「テイノー。小学校、入り直してこい。」

「おまえ、それで、高校へ行くつもりか。小学校のまちがいだろう。」

屈辱に顔をゆがめて、立ちつくす生徒たち。教室に、緊張の糸が張りつめていった。眠りの舟を降りて、生徒たちは教科書のページを繰り始めた。

良太の指先は、緊張に耐えきれずに、かすかにふるえだした。

指名された良太は、ただ立ちつくすしかなかった。答えはわかるのに、緊張で言葉が出てこない。冷や汗が額に噴き出てくる。野中先生は、良太をあざ笑うようにいった。

「木原には、脳だけじゃなくて、口もないらしいな。」

同調するように生徒たちは笑った。良太の心が、また激しく痛みだした。


おれは人間だ！


明を中心にしたいじめグループの円は、日を追うごとに大きくなっていった。

『木原のノロマ、短足、テイノー。』

良太のノートや教科書は、黒いマジックペンの落書きで汚れていった。修正ペンでぬりつぶしても、翌日はもっと太く大きく書かれた。

机の間を通り抜けようとする良太の前に、いきなり、何本もの足が出てくる。つまずいて転ぶ良太の背中や頭を、遠慮なく足で踏みつけ、けりとばす。常態化するいじめに、良太は心を殺して耐えていた。

「日々の努力が、高校受験の成功につながるのよ。気を抜かずにがんばりなさい。」

柴田先生が、がんばれ、がんばれというたびに、生徒たちのストレスのレベルが上がっていく。良太は、ストレス解消のサンドバッグのようだった。

「木原、早口ゲームしようぜ。」

ゲームと称することで、生徒たちは、公然と良太をなぐる権利を得る。嬉々として勝負を挑んできた。負けるのは良太。腹をなぐられ、頬を張られる。

「おれは人間だ！　やめろ！」

良太は、だれにも届かない心の声でさけびつづけていた。


二学期も後半になると、生徒たちは、最終レースに追いこまれる競走馬のような心境になった。あきらめと期待との間で、心が揺れ動いていた。

雨が、朝からずっと降りつづいていた。

教室の窓ガラスに、無数の雨粒が飛びついては離れていく。雨脚がだんだん激しくなっていった。

黒板には、『音楽の授業は自習です。教室で、静かに期末試験の準備をすること』と、柴田先生の字で書かれていた。

良太は、鞄の中から新しいノートを出すと、机の上に広げた。期末試験が来週に迫っている。良太の志望する県立高校は、内申書が重視される。

「木原くん、期末試験、気を入れてがんばらないと、行ける高校ないわよ。私のクラスから、落ちこぼしはイヤだからね。がんばってよ。」

きのう、柴田先生に呼び止められて、そういわれたばかりだった。良太は、英語の教科書をパラパラとめくり、単語をノートに書きつけていった。

柴田先生のチェックの目から解放されて、教室はざわついていた。

良太のずっと前の席で、明と洋介が話しこんでいる。

「模擬試験の結果、最悪だったよ。高校のランク、下げようかな。」

「まだ、あきらめんの早いよ。内申はいいんだろ。アキラは、チェックに気に入られてるからさ、いいよな。」

洋介は、柴田先生をチェックと呼んでいた。明は、柴田先生のチェックの網をうまくかいくぐって、好感度ポイントを上げていた。

「ああ、つまんねえ。なんか、おもしろいことないかなあ。」

ため息まじりにいいながら、明は良太を見た。ニタリと笑って、洋介に耳打ちをした。

「木原くん、ちょっと協力してくれないかな。」

猫なで声で、明がいった。良太は危険を感じて、身を硬くした。明にそそのかされた生徒が数人、そばに来て良太の腕を取った。引き立てられるようにして、良太は教卓の前に立たされた。

「さあ、みなさーん。生物の授業ですよ。ザワザワしない！」

明は、柴田先生の言い方をまねていった。生徒たちは笑いながら、明を注目した。

「いいですか、特に女子。ちゃんと見て！　これから、〝生体解剖〟をしますよ。」

良太の腕を取った生徒たちが、五人がかりで良太のズボンを下げた。はがいじめにされた良太は、抵抗のしようがなかった。良太の下半身が、むき出しになった。

きゃあ。女生徒の悲鳴があがる。

「うわー！」

良太はさけびながら、渾身の力を入れて腕をふりはらった。ズボンを上げて、良太は教室を飛び出した。意外な展開にあわてた明は、良太の背中にさけんだ。

「おーい、ちょっとふざけただけだろ、あんまりマジにとるなよなあ。」

空の底が抜けたような勢いで、ザーザーと雨が降りだした。雨の煙の中に、良太は姿を隠した。

——ふざけんな、もう許せねえ……。

思い返すほどに、明への憎しみがつのった。殺してやる、殺してやる。良太は声に出してさけびながら、どしゃぶりの雨の中を、あてもなく走りつづけた。


走り疲れて、良太は畔道に座りこんだ。痛いほどに打つ雨が、むしろ心地よかった。良太は、大きな声をあげて泣いた。

「あいつら、みんな、死んじまえ！」

吠えるようにさけびながら、良太は思った。悔しいのは自分の弱さだ。こんなみじめな自分の存在を、いっそ、消してしまいたい……。

死を思った良太の耳に、祖母の声がはっきりと聞こえてきた。

——良ちゃん、命も体も、大事なあずかりものだからね。おまえひとりだけのものじゃないんだよ……。

激しい雨音に負けないほどに、強く響く祖母の声だった。

もう、がんばれない

——よく降るわねえ。

掃除機を持ったまま、登美子はぼんやりと窓をたたく雨を見ていた。

「良ちゃん、だいじょうぶだろうか。」

不意に祖母の声がして、登美子はふり向いた。ちらりと祖母の様子をうかがう。視点がはっきりとしている。きょうは、しっかりしてるみたい。登美子はほっと息を吐く。

「良ちゃんは、言葉がすんなりと出ないでしょ。いじめられても、イヤだと声が出せないんじゃないだろうか。シャツの背中に、靴の跡がいくつもついていたんだよ。顔だって、いっつも腫らして帰ってくるだろ。かわいそうでなあ。」

顔をいっぱいに曇らせて祖母はいった。朝のテレビのニュースでは、いじめを苦にして自殺した中学生のことを大きく取り上げていた。祖母は良太を重ねて、胸を痛めていたのだろう。

「私も心配でたまらないの。ニュースを見てるとつらくって……。良太のこと、頭から離れないのよ。なんだか、いても立ってもいられないの。」

登美子は、ふと遠くを見るように、窓の外へ目をやった。視線のずっと先には、良太がいるはずの中学校がある。

登美子の胸を、良太の暗い顔がよぎった。ざわざわと胸が騒いでならなかった。登美子は急いで掃除機をしまうと、二階にある良太の部屋にかけ上がった。

良太の部屋は、いつもきちんとかたづいている。机の上に、使いかけのノートが数冊積み重なっていた。手に取ると、ノートのページがぴったりと糊付けされていた。明かりにかざしてみた。『キハラハクチナシ』、『キハラハノロマ』。黒いマジックペンの乱暴な字が、糊付けされたページの中で躍っている。

――何、これ。ひどいことをするわ。

さけびたい思いだった。登美子はぶるぶるとふるえだした。本箱にあるノートも教科書も、同じように糊付けがされている。登美子の胸に、猛烈な怒りがこみあげてきた。

「良太、かわいそうに。」

登美子はノートを胸に抱きしめて泣いた。良太の痛みが伝わってくるようだった。

暗い雨の中を、良太はずぶ濡れになって帰ってきた。

「風邪をひくよ、早くシャワーを浴びなさい。」

わけをきかずに登美子はいうと、良太の制服を洗濯機に入れる。泥だらけの濡れた制服に、尋常ではない良太の痛みを感じとった。

——きょうは、どんなつらい思いをしてきたんだろう。

涙があふれてきた。

濡れた頭をタオルでふきながら、良太は、さりげなく登美子に話しかける。

「ばあちゃんは?」

「お昼寝してる。」

「昌平は、きょう、部活?」

「そうみたいね、こんな雨なのに。」

「野球部の練習は、きびしいからな。」

登美子と目を合わせないようにして、良太は答える。

「良太、これ。」

登美子はテーブルの上に、ノートを置いた。良太は身を硬くして、じっとノートに目を注ぐ。登美子は椅子にかけるように、良太を促した。

「さあ、何があったか、母さんに話して。」

良太、お願い。沈黙する良太を優しく見つめて、登美子はいった。しばらく待つと、良太は心の痛みをしぼりだすように、重い口を開き始めた。

「ノートや教科書に、ひどいことを書かれたんだ。だから、糊でくっつけて封印した。」

早口ゲーム、さげすまれ、無視され、なぐられる毎日……。

――なかでも、きょうがいちばんつらかった。けど、母さんにはいえない。

登美子は息ができなくなった。喉に涙の塊が突き上げてくる。

「おれ、全部、封印したい。きょうまでのこと、二度と思い出したくないんだ……。母さん、おれは、もう、がんばれないよ。」

おんおんと声をあげて泣く良太に、登美子はかける言葉もなかった。良太の広い背中に、手をあててさすりつづけた。手のひらに、痛いほどに、良太の悲しみが伝わってくる。登美子の頬を、きりもなく涙が流れた。

夜半、雨はようやく峠を越した。

帰宅した父親の寛は、苦い顔で登美子の話を聞いていた。すぐに、良太を呼ぶように登美子にいいつけると、テレビのスイッチを入れた。野球中継のにぎやかなアナウンスが流れる。寛のひいきのチームは、大差で負けていた。四番打者が三振をした。

――何やってんだ、バカが。

寛は、テレビに向かって毒づいた。料理に箸をつけながら、ビールを飲む。良太がそばに来ても、寛はテレビから目を離さないでいる。良太の暗い顔を見るのが、苦痛だった。

「だれに何をされたんだ。いってみろ。」

テレビの画面に目を置いたまま、寛は怒鳴った。良太はうつむいて、答えない。

「だまってたら、わからんだろ。そんなふうにウジウジしてるから、やられるんだよ。」

不愉快そうに眉をひそめると、寛はようやく良太を見た。グラスに入ったビールを一気に飲み干すと、

「ようし、良太。今から、そいつの家に行って、一発なぐってこい。父さんが見届けてやる。さあ、行こう。」

そういって立ち上がった。良太は弱々しく、首を左右にふった。

「ばっかやろう、それでも男か！」

いやがる良太の腕をつかんで、無理やりに立たせようとする。たまらずに登美子がさけんだ。

「父さん、怒らないで！　良太の話を聞いてあげて。」

登美子をじろりとにらむと、不機嫌な顔のまま、寛は座り直した。

「良太、ちゃんといいなさい。」

促されて、良太は決心したように顔を上げた。

「お、おれ、転校したいんだ。転校させてください。」

寛の顔がみるみる赤くそまる。怒りに任せて、寛はさけんだ。

「おまえ、逃げるのか。からかわれるのがイヤだから、しっぽをまいて逃げるのか。」

さげすみをこめた目で、良太を見た。

「吃音《きつおん》はな、転校しても治らないんだぞ。情けないやつだな。」

吐き捨てるようにいった。泣くまいと良太は思った。唇をかみしめて屈辱に耐えた。声をあげて泣く登美子に、寛はいらだちをぶっつける。

「おまえの育て方が悪いからだぞ。いじめられて泣いて帰るような弱虫、おれの息子じゃねえ。昌平を見習え。男なら、いじめられるより、いじめてこいっていってるだろ。図体ばかりでかくって、だらしがねえ。」

まったく、どうしようもないヤツだ……。寛は思いっきり言葉を吐き散らすと、テレビの画面に目をもどした。

野球の好きな寛は、地域の少年野球チームのコーチをしていた。小学生のころ、良太は昌平と一緒にチームに入っていた。打っては三振、守ってはトンネルの良太とちがって、昌平はエースで四番だった。昌平は寛の自慢の息子だった。良太は、グラウンドでも家でも、寛にどなられつづけた。

「良太のウスラバカ、昌平を見習え！」

この言葉を、良太は、自己否定の呪文のように聞いて育った。

「やった！　そこだ、行け、行け、走れ！　よーし。」

良太の存在を忘れたように、寛は野球中継に夢中になっている。うつむいて泣くばかりの登美子は、それ以上、戦おうとはしなかった。

しんと静かな心で、良太はふたりを見つめていた。良太の心の叫びは、宙に浮いたまま、寛と登美子の頭上を漂っている。いいようのないさびしさが、こみあげてきた。

——終わりだ。もう、どうでもいいや……。

良太は立ち上がると、二階の自室に入り、しっかりと鍵をかけた。

ヘルプ！

良太が登校してこない日が、数日つづいた。

心配になった数人の女子生徒は、大沢先生に相談した。教室で起きた良太へのいじめの数々は、口に出してみるとおぞましいものだった。日常の出来事として見過ごしていた時には感じなかった、良心の痛みをおぼえて、生徒たちは泣きだした。

話を終えると、つけ加えるように生徒のひとりがいった。

「柴田先生には、話してないんです。」

じっと聞いていた大沢先生は、驚いたように生徒の顔を見た。

「担任の柴田先生に、どうしていわないのかな。」

通じないような気がして……。生徒たちはそういって、顔を見合わせた。

「私たち、考えたんです。リスクを負っても、私たちの味方になってくれる先生はだれだろうって。先生しか、思い浮かばなかった。」

生徒たちの真剣な思いを、大沢先生は受け止めようと思った。

大沢先生は、柴田先生に事情をきいた。

「うちのクラスに、いじめなんて絶対ありません。」

柴田先生は、強くいいきった。

「この忙しい時期に、変な噂を流さないでください。木原くんは心の病気で休んでるだけですから。そっとしといた方が、木原くんのためなんですから。」

「これはいじめですよ、そっとしといていいわけないでしょ。生徒たちと一緒に考えてくださいよ。」

執拗にくいさがる大沢先生に、

「大沢先生、よそのクラスの問題に首突っこむの、やめてもらえませんか。ご自分のクラスのこと、お留守になっちゃいますよ。」

皮肉を交えて、柴田先生は応酬する。心がかみ合わない空しさを大沢先生は感じた。通じないような気がして……。生徒の言葉を思い出す。

——あいつら、けっこうよく見てるんだなあ。

かたくなな柴田先生の顔を見ながら、大沢先生は思わず苦笑した。

「生徒が動揺するようなこと、絶対やめてくださいね。」

しっかりと念を押すように、柴田先生はいった。

——万事休す、か。担任が動かないと、問題にするのは厄介だな。

学校での対応のむずかしさに、大沢先生は頭を抱えてしまった。


空に、ぽっかりと丸い月が浮かんでいる。

帰り道を急ぎながら、大沢先生は自転車のペダルをこいでいた。信号待ちで自転車を止めると、大沢先生は夜空を見上げた。

——道に迷った時は、星を見よ、か。人生に迷った時は、何を見ればいいんだろ。

ふと考えて、大沢先生はハッとした。

——道に迷った生徒たちは、おれを見た。道案内に、柴田先生ではなく、おれを選んでくれたんだ。ひっこんでいるわけ、いかないよなあ。

大沢先生は自転車のハンドルをまわして、走る方向を変えた。良太の家を訪ねてみようと思った。

登美子の頼みもあり、閉じこもる良太へドア越しに声をかけてみる。

「木原。話、聞いたよ。クラスの子が、おまえにあやまりたいっていってた。つらかったろうな。ごめんな、先生、力になってやれなくて。おまえみたいないいヤツ、泣かせっぱなしじゃ、おれも教師失格だよな。」

部屋はしんと静まり返り、良太からの答えはなかった。

外から見上げると、二階の良太の部屋の窓には、しっかりとカーテンが閉まっていた。大沢先生は、しばらくたたずんで、カーテンの奥にいる良太の心を思っていた。

——木原、本当にごめんな。

小さくつぶやくようにいった。丸い月が、広い夜の海を漂うように、ゆっくりと良太の部屋の窓を照らしていく。

空色のカーテンが揺れた。窓が少し開いて、良太の姿が見えた。

「木原。」

大沢先生は思わず、手をふった。良太は窓から、大沢先生をめがけて、紙飛行機を飛ばした。ほの暗い夜の下を、ふわりふわりと白い紙飛行機が飛んでくる。大沢先生は、腕を伸ばして受け止めた。月明かりにかざすと、両翼にマジックで書かれた文字が読めた。

『ヘルプ!!』

白い翼は、良太の必死の叫びを乗せていた。大沢先生は、良太のメッセージにこめられた深い信頼を感じて、胸が熱くなった。

「木原、待っててくれ。このまま、ゲームオーバーにはしないからな。信じて待っててくれよ。」

大沢先生は、こぶしを強く握りしめてさけんだ。力強い声が、透きとおった大気の中を、良太の心へまっすぐに向かっていく。

〈カウンセリングノート〉

追いつめられた子を救いたい

中学校の教師から、いじめを受けて不登校になった生徒のことで相談がありました。いじめの実態は、聞いていて胸がふさがる思いがしました。人間の尊厳を、なぜこうも踏みにじる行為ができるのか、戦慄を感じるほどでした。

「つらかったでしょうねえ、よくそこまで耐えましたねえ。」

少年の受けた心の痛みを思うと、私は声がつまり、危うく涙がこぼれそうになりました。

教師は苦渋に満ちた顔を上げて、まっすぐな視線を投げてきます。

「性格の優しい子なんです。そんな子を、教師も一緒になって追いつめたんです。仲間のひとりとして、責任を感じるんですよ。」

担任教師は、頑としていじめを認めようとしないそうです。教室は、一見、穏やかに見えるので、「問題あり」とさけぶ若い教師は、職員室で疎外感を味わっているといいます。

「生徒たちの信頼を裏切りたくないので必死なんですが、職員室の壁が高くて、なかなか乗り越えられません。」

肩を落として教師はいいました。いらだった時の癖でしょうか、机の下で、しきりにひざを揺らしています。

「そうでしょうね、わかるような気がします。」

教師のいらだちが、私には自分のことのように思えました。教師をしていた私にも、大きな壁に道をふさがれた苦い経験が何度かありました。子どもを守るか、組織としての学校を守るか……。子どもの側に立つことは、時によっては、仲間や上司と対立することにもなります。教育理念に照らせば、教師が子どもの側に立つのは当然なのですが、かなりの覚悟を必要とします。

「担任がしっかりガードしてますから、クラスの体質はそのままなんです。放っておいたら、第二、第三の犠牲者が出るという危機感もあって、焦りがあるんです。」

同じ学校の教師とはいえ、担任でもなく、教科も担当していない他学級の潜在的な問題に介入するのは、むずかしい話です。教師の熱意に感動して、よくやりますねえ、というと、教師は頭をかきながら苦笑しました。

「お節介なヤツだって、嫌われてます。」

そうでしょうね。すかさず合いの手を入れて私は笑いました。教師もつられて笑いだしました。

「先生のような頼もしいサポーターがいれば、生徒はだいじょうぶです。私も、サポーターの仲間に入れてください。一緒に、子どもたちの信頼を取りもどしましょう。」

心からの賛意をこめて、私はいいました。教師の顔に、安堵の色が広がります。眉間に刻んだしわが伸びて、若々しい笑顔になりました。

子どもたちの心に寄り添って

教師の紹介で、少年と母親が来室しました。

事情を聞き、母親の了解を得て、私は学校に連絡を入れました。いじめを顕在化させることが、解決への第一歩になると思ったのです。多くの目が注がれることによって、少なくとも第二の犠牲者は防げるでしょう。学校全体で問題と取り組もうとすれば、教師の立場も変わってくるはずです。

少年は、継続してカウンセリングに通ってくるようになりました。

週に一時間ずつ、私と他愛のない話をして過ごします。教師と母親のしっかりとした支えもあって、緊張していた少年の心は、回を重ねるごとにほぐれていきました。

少年は、ボランティア活動に深い関心を寄せました。頃合を見て、私は実際の活動に誘ってみることにしました。

障害者や高齢者の介助に、少年は積極的にかかわっていました。目覚ましい活躍ぶりでした。優しく誠実で、急がない少年の資質は、ボランティアの場では貴重な宝でした。

登校していれば、進路指導の最終段階に入っていたころだったと思います。

少年は、カウンセリングルームにある学校案内を手に取って、真剣な顔で見ていました。

「先生、介護福祉士になるのは、どうしたらいいんですか。」

将来への希望を口にするようになったのです。人生に絶望して心を閉ざしかけた少年が、未来への挑戦を決意したのです。少年の心に、みずみずしい生きる力が湧いてきました。

その後、少年は定時制高校を経て、福祉の専門学校へ進みました。

生徒の側に立った教師の誠意が、少年の未来への道を切り開きました。教師は、見事に、人生のガイドとしての輝きを放ったのです。

学校という教育の場で、多くの子どもたちの心と命が、「いじめ」の犠牲になっています。心の血を流し、倒れていく子どもたちを目の前にして、私たちは、いじめであったか、からかいであったかの定義付けなどという末梢的な部分で、足踏みをしている状態です。

文部省や教育委員会等で、いじめへの対策や方便を議論するだけでは、問題の本質的な解決は図れません。

机上で、分厚い防止マニュアルを作るよりも、道に迷ったら、おとなたちよ。ひとりでも多くの子どもたちの、心の声を聴こう。

「ヘルプ！」とさけぶ子どもたちの痛みに、まずはおとなが寄り添うことです。
そして、心からの願いをこめて思います。
教師よ、道に迷う子どもたちの星となれ……と。

ファイルナンバー5

ナイフ

高圧的な教師、エリート意識の強い横暴な父、
夫に従順な母。
十七歳の少年は、周囲のおとなに対して
怒りを抱いている。
上級生のおどしにより窮地に立たされた彼は、
苦しんだあげく……。

心、殺すな

「この調子でいったら、T大、楽々行けそうじゃないの、春樹。」

春樹の成績表を手にして、母の真弓ははずんだ声をあげた。

「T大ねえ。あんまし興味ないな。」

春樹は答えて、真弓の手から成績表を受け取ると、さっと目を通す。開けた窓から、ひんやりとした風が流れこんできた。ほのかにキンモクセイの香りがする。

「窓、閉めた方がいいわね。少し寒くなったわ。」

真弓は窓辺に立った。春樹の部屋は二階の南側にある。広い窓から、横浜港の夜景が一望できた。真弓は夜気に顔をあてて、遠い港の灯に目をやった。

——やっぱり、M学院にしてよかった。春樹もがんばっているし、正解だったな。

春樹の手を取って歩んできた十六年間をふり返りながら、真弓は思った。

春樹の通うM学院は、中・高一貫の名門校だった。

超難関の中学受験に合格させるために、真弓は、まだ小さな春樹の尻をきびしくたたいて準備をしてきた。

——みんな、春樹のためだったわ。

真弓は、春樹の示したいくつかの小さな抵抗を思い出して、ふっと笑った。

春樹は高等科一年になる。大学受験を控えて、これからが大変な時期だ。学院では、しっかりとしたカリキュラムが組まれていた。保護者への細かな情報も欠かさない。定期的に校内模擬試験が実施され、結果は保護者宛に郵送される。学院と保護者が一体となって、生徒たちの受験態勢を強力にバックアップしていた。

——公立高校じゃ、ここまで責任を持ってくれないもの。

真弓は自分の高校時代を思い、確信するようにうなずいた。窓を閉め、カーテンを引くと、真弓はくるりとふり向いていった。

「じゃ、A大にする?」

眉を大きく上げて、春樹は、そこも不本意という顔をした。

「学院のOBが多いらしいわよ、あそこの医学部。」

「なおさら、いやだ。」

短く春樹が答えた。真弓は頬をふくらます。

「とにかく、この成績を維持するようにがんばってよ。おじいちゃまとパパの跡を継いでくれる人がいないと、困るんだから。春樹がなってくれたら、いちばんいいのにな。」

「医者はやだよ。おれ、知らない人にさわるの苦手だから。」

素っ気なく春樹は答えて、机に向かった。

ふうっ。真弓は春樹に聞こえるように、おおげさなため息をついた。

「おじいちゃまに、何ていえばいいのよ。お願いだから、考え直して。ね。」

真弓の哀願をうっとうしいと思いながらも、春樹はいい子の笑顔を張りつけて答える。

「べつに、おれじゃなくてもいいじゃん。さちお君は、どう?」

春樹は、父方の従兄弟の名前をあげた。

「あの子は無理よ、B高校ですもの。医学部どころか卒業も危ないって、おばあちゃま、嘆いていたわ。髪の毛、金髪でこんなに長くしてるのよ、一族の恥ですって。」

両手で髪の長さを示しながら、真弓はうれしそうにいった。

父方の祖父は、同じ街で開業医をしている。祖父母ともに、エリート意識を鼻にかけるようなところがあって、春樹はあまり好きになれなかった。

「ママね、春樹が生まれた時、おばあちゃまにきつくいわれたのよ。三田の家に生まれた男子は、医師か学者になるように育てなさい、それが嫁の務めだって。」

ミミダコ……。春樹は心の中でつぶやいた。耳にたこができるほど、真弓から何度も聞かされた話だった。気のない返事をしながら、春樹は真弓のおしゃべりにつきあっていた。

「由香にやらしたらいいじゃん。あいつ、そこそこ頭いいし、ナイチンゲールばりの博愛主義者だよ。」

妹の名前を口にしながら、春樹はパソコンのスイッチを入れてメールの確認をする。

「知ってる？　由香の将来の夢。『国境なき医師団』に入りたいんだってさ。まだ四年生なのに、すごいよな。しっかりしてるよ。」

誇らしげにいう春樹。娘の夢など、真弓には初めて聞く話だった。真弓は由香に軽い嫉妬を感じた。部屋の中には、ビートルズの「レット・イット・ビー」が流れている。曲のところどころで、春樹は軽くハミングしている。

真弓は壁に寄りかかり、パソコンの画面に見入る春樹の横顔に見惚れていた。

――パーフェクトね、この子……。

品のよい端正な顔立ちに、すらりと伸びた手足。自然に笑みがこぼれてきた。

「何？」

真弓の視線を感じて、画面に目を置いたまま春樹がいった。あわてて目をそらして、真弓は話をもとにもどす。

「由香はまだ小さいもの。夢なんて、どうなるかわからないわ。それに女の子だしね。」

「今どき、男も女も関係ないじゃん、変なとこで古風なんだね。」

せわしげにキーボードをたたきながら、春樹は答えた。由香の名前を出すと、真弓の口は重くなる。

「あの子、むずかしいところがあるから……。」

苦手だわ。いいかけて真弓は言葉をにごした。


幼いころ、父の武彦になぐられたのが原因で、由香は左の聴力を失った。父親への潜在的な恐怖心は、由香の精神をときおり不安定にした。「真実」を「夢」だといいくるめる真弓への不信感を、由香は隠そうとしない。激しく反抗する由香を、真弓は受容しきれないでいた。

あれは、けっして夢ではない……。春樹の記憶にも、あの夜の出来事は鮮明に残っていた。

深夜。酒を飲んで帰宅した武彦は、ささいなことで真弓をなぐりつけた。二歳になったばかりの由香は、真弓を捜して起きてきた。真弓に抱きついて泣く小さな由香を、武彦は強い力で打ちはらった。由香は宙を飛んだ……。

二階で寝ていた春樹は、由香の泣き声に目を覚まし、そっと下りてきていた。由香の飛ぶ瞬間を、春樹はドアの隙間から見ていた。口に手をあて、春樹は懸命に叫びを抑えていた。あの時の恐怖。今でも胸がうずく。

――夢を見たのよ。パパがそんなこと、するはずがないでしょ。忘れなさい。

真弓はそういって、春樹の怒りにも、由香の痛みにも、けっして向き合おうとはしなかった。

受け取り手がいない春樹と由香の重い記憶は、行くあてのないまま心を漂いつづけている。汚いもの、不愉快なものから目をそむけて過ぎる弱さが、真弓にはあった。

春樹はキーボードを打つ手を止めて、真弓をまっすぐに見た。

「むずかしいところって、何。ママ、いっとくけど、問題なのは由香じゃないからね。」

問題なのは、あの男……おやじだろ。言葉のつづきを、春樹は心でいった。真弓は眉を寄せて、両手をこめかみにあてていった。

「もう、いい。わかったわ。」

春樹はあきらめて、パソコンに向かう。物事の本質を話し合うことを真弓は嫌った。傷ついたように肩をすぼめて、真弓は部屋を出ていった。

『逃げるなよ、ベイビー！　心、殺すな……。』

白い画面に、春樹の思いが表示された。

好きなフレーズが流れてくる。サウンドに合わせて、春樹は心の曇りを吹き飛ばすように、明るい声で歌った。

意外な糾弾

学院での授業の進度は、目がまわるほど早い。

予習復習を一日でも怠ると、落ちこぼれてしまいそうだった。いつも不安がつきまとい、春樹は休み時間も参考書を手放せなかった。


遠くの空で雷が鳴った。

「三田って、Y小学校の出身だったよな。」

無遠慮に春樹の机に腰をかけて、山口吾郎がいった。

「……そう、だけど。」

体をひいて、春樹は迷惑そうな顔をした。吾郎は渋谷の周辺で、派手に遊んでいるという噂だった。きまじめな生徒が多い中で、吾郎のもつ華やかな雰囲気は際立っていた。同じ教室にいても、春樹と吾郎との接点はなかった。ちがう世界にいると思っていた吾郎が、いきなり春樹の世界に侵入してきた。春樹は戸惑いを隠せなかった。

「やっぱりな。」

苦々しげに、眉をしかめて吾郎はいった。

「ナンパした子がY小出身でさ、ゆうべは、おまえの話題で盛り上がったよ。」

「おれの?」

いぶかしげにきく春樹を、吾郎はじろりと一瞥する。

「おまえさ、六年の時に、安西って女の子、いじめてたろ。その子、おまえのいじめのせいで、ずっと学校、行けてないらしいぜ。」

「おれ、いじめなんて知らないよ。人ちがいじゃないの。」

「とぼけんなよ、てめえ。」

すごい形相をして、吾郎は声を荒げる。威嚇されて、春樹は息をのみこんだ。教室にいた生徒たちが、好奇心をまる出しにして集まってきた。

「女の子をいじめといて、知らん顔かよ。」

「だって、本当に知らないんだから、しようがないじゃないか。」

必死に抗弁する春樹を、さげすむように吾郎は笑った。

「学校、行けないんだぜ、相手の子はさ。なんで、おまえだけ、えらそうな顔してここにいられるんだよ。ここ、痛まないの。」

吾郎は自分の胸を、バンバンと強くたたいていった。

「おれさ、許せねえんだよ。そういうヤツの面、見てんのもむかつくんだよな。」

吾郎は春樹のネクタイをつかんで絞り上げる。苦しくて、春樹は顔をゆがめた。

「知らないって！　受験で必死だったんだから。他人のこと、かまっている余裕なんてなかったんだから！　もう一回、きいてみろよ。」

春樹はやっとの思いで、声を絞り出す。吾郎の手がゆるんだ。

「嘘だったら、承知しねえからな。」

鋭い目でにらむと、吾郎は春樹のネクタイを放した。ゴホゴホとむせながら、春樹は喉をさする。

――蛇ににらまれた蛙……。そうか、こんな気持ちなんだ……。

闘争本能むき出しの吾郎の前で、春樹は小さな蛙のようだった。やましさはないと確信しながらも、射すくめられたように身動きができなかった。春樹は妙に静かな心で、蛇と蛙の絵を思い描いていた。

着席した生徒たちのささやきが聞こえてくる。

「えっ、三田って、いじめっ子なの。おっかねえ。」

「優等生みたいな顔して、けっこう凶暴性があるんだ。怖いタイプだねえ。」

事を大きくして春樹を動揺させようと、生徒たちは思っていた。ライバルがひとり減るということは、自分たちがそれだけ有利になるということなのだ。冷たい風が、生徒たちの心を吹き抜けていった。


授業が頭に入っていかなかった。

板書する教師に目をあてながら、春樹の意識は、小学校の校舎に飛んでいく。

私立中学の受験準備で明け暮れた、春樹の小学生時代の記憶は、薄いベールにおおわれている。深くかかわる余裕がなかったから、級友たちの顔も不鮮明なものだった。

おぼろげな記憶の中から、「安西」という女の子の顔を、春樹は懸命に引き出してみる。

あ、いた。春樹は、隣の席にいた、ふっくらとした顔の女の子を思い出した。ブラウスにケチャップの赤いしみがついていたり、顔に牛乳の白い髭をつけていた。

授業で使う教材をよく忘れてきて、春樹は、先生にいわれてしぶしぶ貸していた。教科書を一緒に見たことがあった。顔を寄せると、朝食のにおいがした。潔癖性の真弓に育てられた春樹には、女の子のいいかげんさが我慢できなかった。

おまえ、臭いよ。汚いよ、触るな……。そんな言葉を、春樹は何度か浴びせた。机の間に距離をおき、話しかけられても無視していた。

そういえば、卒業式の時、いなかったような気がする……。


春樹は成績もよく、素直で優しいと見られていたから、先生からの信頼が厚かった。自然に、クラスでの春樹の影響力も大きくなる。女の子に対する春樹の態度は、クラス全体のものとなり、陰湿ないじめへと発展していった。

受験を目前に控えていた春樹は、クラスの異常を感じている余裕はなかった。「安西」という女の子が学校を休むようになったことにも、春樹は今の今まで気づかなかった。

——いじめたことになるのかな。

春樹は女の子の存在を、一度として心に留めたことがなかった。吾郎に糾弾されるほどの重大な罪を犯したとは、どうしても思えなかった。


吾郎と春樹の一件は、生徒たちの格好の話題になった。日を追うごとに新しい脚色が加わり、春樹はいじめ事件の首謀者として、冷酷なキャラクターを割りふられた。春樹が動くと、周囲にいる生徒たちは潮が引くように後ずさる。もともと友人とのかかわりは薄かったが、こういう状態はかなりこたえた。春樹の顔に、暗い影が漂うようになった。

最初の制裁

晴れた冬の午後。

食堂のかたすみで昼食をとっていた春樹は、上級生のグループに取りかこまれた。

「ちょっと、顔、貸してくれる?」

優しげにそういったのは、生徒会の役員をしている二年生だった。返事をする間もなく、春樹は腕をつかまれて、食堂を連れ出された。

不穏な空気を感じて、春樹は青ざめた。校門の裏手に「思索の小路」と名づけられた小さな林があった。上級生のグループは春樹の腕を取ったまま、林の小路をたどる。散り敷かれた落ち葉が、カサコソと音をたてた。人目につかない窪地へ来ると、足を止めた。

「用事って何ですか。早くしてください。」

精一杯の虚勢を張って、春樹はさけぶようにいった。

「急いでいるようだから、さっさとやろ。」

ニヤリと笑ってひとりがいうと、いきなり春樹のみぞおちにこぶしを入れた。ドスッ。いやな音がした。春樹は一瞬、気が遠くなった。ひざを折って座りこんだ。顔をなぐろうとしたひとりを、仲間が止めた。

「おもてはやめとけ。見つかるとヤバイ。」

「そうだね。生徒指導部にばれたら、速攻で退学だもんな。」

いいながら、春樹の腹を思いっきりけり上げる。あまりの痛さに、春樹はうめいた。朦朧としている春樹に、上級生が低い声でささやいた。

「わかっているだろうけど、チクリは許さないよ。痛い目にあいたくなかったら、ぼくらと契約することだ。また連絡をさせてもらうよ。」

上級生が去った後もしばらく、春樹は身動きができなかった。息を止めて身をかがめたまま、痛みに耐えていた。涙と鼻水があふれてくる。

冷たい風が、林を過ぎていった。散りおくれた青桐の実が、くるくると回転しながら落ちてきて、春樹の濡れた頬にあたった。


春樹は両手でおなかをかばいながら、ゆっくりと歩を進めた。一歩進むごとに、痛さに顔がゆがみ、腰がかがむ。吾郎がかけ寄ってきた。

「三田、何やってんの。だいじょうぶか。」

肩を抱こうとする吾郎の手を、春樹は無言ではらった。

「あやまるよ、早とちりだった。あれから一週間、おれ、停学くらってさ、クラスの雰囲気、知らなかったんだよ。停学で暇だろ、この間の女の子に、もっと詳しくきいてみたんだ。そしたら、直接手を出していたのは別のヤツだったらしい。悪かったよ。」

「今さら、何いってんだよ。ふざけんな。」

それだけいうと、春樹はおなかを抱えて座りこんだ。息を吐くのもつらかった。

「ひでえな、痛むだろ。おまえ、これで授業受けるの、無理だよ。保健室へ連れていってもいいけど、行くと事件になるぞ。それでもいい？」

春樹は弱々しく首をふる。

「じゃ、早退しろ。おまえんち、医者だろ。鞄、持ってきてやるよ。」

イヤだ。春樹は息を吐くようにいった。

「困ったね。ほんじゃ、おれんとこ来る？　親はいないし、薬もそろってるよ。あ、やばい薬はないから安心しな。」

春樹は歯をくいしばって、痛みに耐えている。吾郎にすがるしかなかった。手際よく吾郎は動いた。教室へ行って、ふたり分の鞄を取ってくると、春樹の肩を抱いて校門を出た。通りかかったタクシーを拾い、春樹と乗りこんだ。


マンションのリビングのソファーに、吾郎は春樹をそっと座らせた。

救急箱を持ってきて、春樹のそばに座る。

「そういうやり方さ、上級生だろ。生徒会の。」

湿布薬を春樹の背中と胸にはりながら、吾郎がいった。触れただけで痛みが走った。春樹は顔をしかめた。

「あいつら、カモを見つけると、初めに徹底的にぶちのめすんだよ。学院のおぼっちゃんたちはさ、たいてい勉強一本で、大事に育ってるでしょ。人になぐられた体験ないから、もうメロメロ。何でも、いうことを聞くようになる。おいしい商売だよな、許せねえけど。」

ほら、飲めよ。吾郎は春樹の手のひらに痛み止めを三粒のせて、水を入れたコップをわたす。春樹は、ひと粒ずつ指でつまんで口に入れると、水で流しこんだ。

「生徒指導部にチクルという手もあるけど、学院の場合、けんか両成敗とかいって、問題のタネは全部刈り取る方式だからね、チクられた方もチクッた方も、退学になるんだよな。正義は通じないよ。あれって、なんか変だよね。けんかじゃねえっつうの。」

吾郎は救急箱のふたをしめながら、話しつづける。

「まっ、おとなに正義を求めても、無理な話だけどな。」

武彦と真弓の顔が浮かんできて、春樹は、ふっと笑った。春樹の笑顔を見て、吾郎はほっとしたように息をつく。注意深く、春樹の顔をのぞきこむ。

「あいつら、用心深いから、急所ははずしてると思う。骨も折れてはいないと思うけど、あんまり痛むようだったら、病院へ行った方がいいよ。」

そういったあとに、吾郎は照れたように笑っていった。

「よけいなことだったよな。おまえの場合は、病院へ行かなくてもいいんだっけ。おやじさんが医者なんだ。」

春樹はゆっくりと首を左右にふった。

「おやじには、知られたくない。」

小さくささやくようにいった。吾郎はうなずいて、優しいまなざしを注ぐ。春樹は泣きたくなった。こぼれる涙を隠すように目を閉じた。

「痛み止めがきくまで、少し眠った方がいいよ。」

「ありがとう。ずいぶん手際がいいんだね。」

「おれ、けんか、慣れてるからさ。怪我もしょっちゅうさ。」

「助かったよ。本当に……。」

目を閉じたままの春樹に、吾郎は持ってきた毛布をかけてあげた。

「ついでに、知っていたら教えてくれないか。おれは、これからどうなるんだろ。」

「今までの例でいくと、三日後にまた呼び出しがきて、金を要求される。カツアゲだけど、あいつらは自分たちの不要品を、借金のカタとして置いていくんだ。それから、一週間に一度、少しずつ、金を要求されるようになる。」

「ずうっと?」

「そう。卒業まで、無理のない程度に。」

春樹は目を開けて吾郎を見た。

「なんで、そんなに詳しいの。ひょっとして、きみも、やられたひとり?」

にっこり笑って、吾郎はうなずいた。

「そ、おれも被害者同盟の仲間さ。チクッて自主退学を迫られたよ。けど、弁護士してる母ちゃんが、すんごい強気で出てさ、学院の方がびびった。問題は伏せたまま、闇から闇へってことになったってわけ。だから、後を絶たないんだよ。」

「ひどい話だな。」

「納得できない話さ。」

吾郎と話していると、春樹は心が安らいでいく。不思議な感じだった。心をふさいでいた孤独の重さが、薄くなっていくようだった。

ひどく疲れた春樹は、そのますーっと眠ってしまった。

謹慎処分

翌日、無断で授業を抜け出した春樹と吾郎は、生徒指導部に呼び出された。

ふたりが会議室に行くと、すでに真弓と、吾郎の母親、佐和子も呼び出されていた。泰然としている佐和子の隣で、真弓は青ざめた顔をして神妙に座っていた。

「学則違反により、一週間の謹慎です。謹慎中の三日間は、学院の方針に従ってボランティア活動にあてるようになります。後は、自宅から一歩も出ずに反省と自習をし、レポートにまとめるように。ご父母の方は、お子さんの監督と、十分な話し合いをされるように。一週間後に提出されたレポートを見て、謹慎の継続か解除かをいいわたします。」

生徒指導部の東先生が、きびしい口調でいった。春樹はあわてて、

「先生、待ってください。ぼくが急に具合が悪くなったんで、山口くんが連れて帰ってくれたんです。山口くんの罰は取り消してください。」

懇願するようにいった。すると、同席していた担任の湯川先生は、耳をおおいたくなるような大声でどなった。

「あまったれるな！　規則に違反したことが問題なんだよ。理由はきいてない。」

「けど、山口くんは親切でしてくれたことなんです。本当にそうなんです。それじゃ、あんまりひどいです。」

必死になって春樹は訴えた。東先生が眠ったような目を上げて、吾郎を一瞥《いちべつ》し、真弓に顔を向けた。

「お母さん、春樹くんが帰宅したのは何時でしたか。」

「もう十時を過ぎていて、とても心配して。こんなこと、初めてなんです。うちの子は、けっして授業をさぼるような子じゃありませんでした。」

ふるえる声でいうと、真弓はちらりと非難がましい目を佐和子に向けた。東先生は唇の端を下げて、かすかに笑いながらうなずいている。

「具合の悪いヤツが、遅くまで遊んでいられるかあ。嘘をいうな、嘘を。」

空気をビリビリと鳴らして、湯川先生ががなりたてた。真弓は小さく身を縮めた。

「本当に申し訳ありません。うちで、よくいい聞かせますから。春樹、口答えするんじゃありません。先生にあやまりなさい。」

おろおろと涙ぐみながら、真弓がいった。

――なんで通じないんだろ、言葉も心も……。

悔しさに、春樹は体をふるわせる。

「春樹、あやまって。あやまりなさい。」

繰り返しさけぶ真弓の声が、わずらわしかった。春樹は頭を下げた。吾郎は無言で、湯川先生をにらむように見ている。

「おい、山口。腐ったイチゴは、やっぱり、取り除かないといけないみたいだなあ。放っておくと、周りの優秀なイチゴまで腐らせていく。」

そういって湯川先生は、がっちりとした筋肉質の体を深々と椅子に沈ませた。ギシギシと椅子のきしむ音がした。

「腐ったイチゴって、それ、おれのことでしょうか。」

吾郎が静かな声で切り返した。

――そうよ、その調子。やっちゃえ。

佐和子は、うれしそうな顔を吾郎に向けた。

気色ばんで身を起こす湯川先生を制して、東先生がとりなすように口を開いた。

「まあ、それくらいにしておきましょう。山口さん、歴史と伝統ある本学院には、それにふさわしい校風というのがあります。お気に添わないようでしたら、いつでもやめてくださって結構ですよ。きょうのところは、まず、規則違反をしたお子さんをお引き取り願いましょうか。のちほど、ご自宅の方に連絡をいたしますので、寄り道をしないでまっすぐにお帰りください。」

佐和子と真弓の顔に順番に視線をあてて、東先生は穏やかにいった。

「ご丁寧に、どうも。」

佐和子は、皮肉をこめてそれだけいい、軽く頭を下げた。


校門の外に出ると、佐和子は大きな伸びをして、ぐるぐると首をまわした。

「母ちゃん、よくだまってたね。すんごい辛抱だったでしょ。」

吾郎は笑いながらいった。

「きみとの約束だったからね。ああ、肩が凝った。学校って、ほんとに変なとこだわ。なんで、あんなに裁きたがるのかしらねえ。」

佐和子は小さく首をかしげて、真弓を見た。あわてて真弓は目をそらす。吾郎はクスクスとおかしそうに笑った。

だらだらとつづくバス停までの道を、四人は前になり後ろになって歩く。佐和子と吾郎に遅れまいとする春樹の腕を、真弓がひっぱった。

「ダメよ、春樹。先生が、あの子とは距離をおきなさいって。」

教師の言葉を鵜呑みにする真弓の幼さに、春樹は怒りがわいてきた。春樹はふり返って、真弓の手をはらう。声を殺していった。

「何にもわかってないくせに、うるせえんだよ。」

息をのんで歩を止める真弓を残して、春樹は吾郎の後を追った。

前を歩いていた佐和子が、空を見上げて立ち止まった。

「雪だわ、ほら。」

受け止めようとするように、佐和子は両手を空に向けた。ほら、ね。はずんだ声でいうと、春樹にほほえみかけた。つられて空を見上げると、白くてふわふわとした小雪が風に舞っていた。固まっていた春樹の心が、ほぐれていく。

「あのう、おばさん。ぼくのせいで、すみません。」

おそるおそる、春樹はいった。佐和子は、首を左右にふって笑う。

「気にしなくていいわ。それより、どんな具合？」

佐和子は、春樹のおなかのあたりを指さした。

「きのうよりは、痛くなくなりました。吾郎君のおかげです。」

「よかった。」

ほっとしたように、佐和子は息を吐いた。

「以前に吾郎がやられた時、いいかげんに妥協した私にも責任があるのよ。吾郎がナイフをちらつかせたこと、逆手に取られたの。口を閉ざせば不問に付すっていわれて、つい引き下がった。わが子が無事ならそれでいい、なんてね。我ながら情けない決着のつけ方をしてしまった。後悔してるわ、ごめんね。」

強気な佐和子が、唇をかんだ。

——ナイフか……。吾郎も、いろいろあったんだ。

ふり向きもしないで、吾郎は先を歩いていく。春樹は佐和子に、軽く頭を下げた。

「あやまるのは、ぼくの方だから。きょうのことも、うちの母があんなことをいうから、吾郎くんが悪いみたいに先生に思われて。吾郎くん、怒ってると思います。」

ほんと、怒ってるよな……。吾郎の背中が角を曲がって見えなくなると、春樹はたまらなくさびしくなった。

小雪がやんで、薄い陽が射した。昼前の住宅地は閑散としていて、行き交う人の姿もなかった。

「きょう、学院とけっしてトラブルを起こさないように、吾郎に約束させられたの。」

佐和子が内緒話を打ち明けるように、こそりといった。

「私ね。心にそまないことを受け入れるより、退学しなさいって、吾郎にいったの。その方が、ずっと気持ちよく生きられる。」

佐和子は、雲におおわれた太陽を仰ぎ見るように、すっくと背中を伸ばした。

「でも、吾郎はね、今回の件は穏便にすませたいから、協力してくれっていうの。事を大きくして、吾郎が退学ということになれば、春樹くんが気にするだろうって。それだけは避けたいって。だから私、じっと我慢していたわ。ほら、見て。」

佐和子は、右手の甲を春樹の目の前に差し出した。白い皮膚に、赤い爪痕がついていた。痛々しそうで、春樹は目をそむけた。涙が出そうになった。

「ごめんなさい、ぼく。」

「あら、いいのよ。私、吾郎がそうやって、友だちを気づかうようになったのが、うれしくて……。」

佐和子は目頭に指をあてて、涙を抑える。うれし涙よ、と春樹に笑いかけた。

「あの子は親の勝手で、世界中、連れまわされたの。友だちをつくる暇もないくらいに……。だから、人と接することに不器用で、問題ばかり起こしていたわ。でもね、私、吾郎は優しくて、毅然とした芯を持っている子だって、ずっと信じてたの。」

肩に下げた大きな黒い鞄に手を突っこんで、佐和子はティッシュペーパーを取り出す。涙をふいて、鼻をかんだ。

「それを見せてくれたわ。春樹くん。私、きみたちの友情に感動してるのよ。」

赤くなった鼻をクシュクシュさせて、佐和子はいう。

「一週間の謹慎なんて、気にすることないわ。理はこちらにあるのよ、わかっているから。」

春樹は涙がこぼれてきた。佐和子はティッシュペーパーを取り出して、春樹の頬にそっとあてた。バス通りへさしかかる。ゆっくりと歩くふたりを、真弓が追い越していく。佐和子は、素知らぬ顔で過ぎていく真弓を、驚いたように見ていた。真弓のかたくなさを察して、佐和子はそっと春樹にささやいた。

「がんばれ。」

春樹の目から、また涙がこぼれてくる。佐和子の励ましがありがたかった。

——ありがとう、おばさん。

自分の身は自分で守る

「二度と、そいつとかかわるな。わかったな。」

夕食の席で、武彦はたったひとこと、そういった。

「いいヤツだよ。おれを助けてくれたんだ。」

武彦の顔色をうかがいながら、真弓があわてていいそえる。

「春樹、パパのいうとおりにしなさい。わかったわね。」

お願い。真弓は春樹に目配せをした。武彦は新聞を読みながら、食事をしている。子どもの権利など、武彦は認めなかった。扶養されている身で何をいうかと思う。春樹の気持ちは、はなから聞く耳を持たなかった。

「なんでだよ……。」

不満げに春樹がいうと、武彦の顔がさっと青くなった。

「だまれ！　親に恥をかかせておいて、文句いう筋合いか。」

立ち上がって武彦はさけび、そばにあったグラスを春樹に投げつけた。ひーっという悲鳴をあげて、由香は動けなくなった。

「春樹、パパにあやまりなさい。早くあやまりなさい。」

真弓がひきつった声でいった。

「うるさい！　口答えは許さん！　おまえらは、だまって勉強をしていればいいんだ。よけいなことを考えるな。」

武彦はどなりちらし、テーブルの上のものを乱暴に引き倒す。おびえて泣きさけぶ由香を抱いて、春樹は二階へと避難した。

「ごめんなさい。すみません、ごめんなさい。」

階下から、真弓のあやまる声が聞こえてくる。春樹は耳をふさいだ。

——なんで、こうなるんだろう。

心が届かないもどかしさ。春樹はいらだつ。武彦への怒りが、沸き立つように熱くなってくる。頭を冷やそうと思い立ち、春樹はカーテンを寄せ、窓を開けた。クリスマスのイルミネーションに彩られた港の夜景にまぎれて、軽く小さな雪が踊っていた。

——がんばれ。

春樹の心に、佐和子の声がよみがえってきた。

——いろんな親がいるんだな。世の中、不公平だよなあ。

頬を冷たい風にあてて、春樹は思った。

一週間の謹慎が解けて登校した春樹を、上級生が待ちかまえていた。春樹がポケットに用意していたお金をわたすと、「借金のカタにしてくれ」といって、古びたライターを春樹の手にのせていった。初めて手にするライターを、春樹はぼんやりとながめていた。

春樹の手には、使えない携帯電話、シガレットケース、読み古しのエッチ本。どんどん不用品がたまっていった。春樹は、紙袋に入った〝借金のカタ〟を家に持ち帰り、机の引き出しに入れた。

冬休みに入ると、春樹は筋肉トレーニングを始めた。

頑健な体をつくるために、春樹は一時間ほどのトレーニングメニューを考えて、実行することにした。

深夜、家族が寝静まったころを見計らって、春樹はリビングルームへ行き、黙々とメニューをこなした。上級生になぐられて気絶しかけた光景が、苦々しく思い返される。

「自分の身は、自分で守るぞ。それができないで、人を守れるもんか。」

春樹は声に出して、自分を励ました。ハアハアと息があがる。腹筋を繰り返す春樹の脳裏に、怒り狂う武彦の顔が浮かんだ。

——おれが強くならないと、ママも由香も自由になれない……。

幼いころに武彦から受けた暴力を、春樹は忘れてはいなかった。手を上げることは少なくなったが、武彦の横暴さは増すばかりだった。春樹は、強くなりたいと思った。相手がだれであろうと、ひるまずに向き合える心の強さが欲しいと切実に思った。春樹は気合いを入れて、トレーニングに励んだ。

リビングのドアを細く開けて、武彦は春樹の様子をそっとうかがっていた。

春樹の若くやわらかな筋肉は、日々強靭さを増していくようだった。

——殺されるかもしれない。

武彦は戦慄をおぼえた。子どもは弱い存在でなければ、家庭の中の秩序が乱れる。

——あいつ、今のうちになんとかしないと……。

舌打ちをして、武彦は思いをめぐらす。

トレーニングなどやめて、勉強に身を入れるようにと真弓にいわせた。固い決意で臨んでいる春樹は、耳を貸さなかった。武彦は考えあぐねて、リビングルームに自分の布団を持ちこむことにした。

いつもの時間になり、春樹はリビングルームに下りてきた。電気のスイッチを入れると、春樹がトレーニングをしている場所で武彦が寝ている。

「ここで何してるの。」

驚いて声をあげる春樹に、武彦はいった。

「きょうから、ここに寝ることにした。もうトレーニングはやめろ。」

「なんで急に……。自分の部屋で寝ればいいだろ。」

これは、いやがらせだ。そう思うと、春樹の声は怒りにふるえた。武彦が冷たい声でいい放つ。

「ここはおれの家だ。どこで寝ようが勝手だ。イヤなら出ていけ！」

武彦は、くるりと背中を向けて目を閉じた。

——それでも親かよ、そんなに、おれが嫌いなのか……。

武彦の背中に、春樹は心の声でさけぶ。握りしめるこぶしがふるえた。

光るナイフ

桜の季節がめぐり来て、春樹は二年生になった。

校門につづく並木道には、桜の花のアーチができた。花吹雪が舞う中を、春樹は暗く沈んだ顔で登校する。

――資金がなくなったら、どうしようか。

集金日にあたる日は、気が重かった。春樹はポケットに手を入れ、千円札を握りしめる。貯金が、もう残りわずかになった。

昼休みに、上級生の呼び出しを受けた。こみあげる不安を抑えこむように、春樹は何度も唾を飲みこんだ。「思索の小路」を行くと、悲痛なうめき声が聞こえてくる。二年生のひとりが制裁を受けていた。みぞおちをけられ、なぐられ、涙と鼻水と嘔吐で汚れた顔を苦痛にゆがませている。あえぎながら、

「ごめんなさい、許してください、お願いです。」

必死で詫びている。見ているだけで、春樹は吐きそうになった。

「三田。おまえ、集金日に二回休んだな。三回、無駄足をさせてみろ、あんなふうになる

ぞ。わかってるな。」

すごみをおびた声で、上級生がいった。春樹は小さくうなずいた。

「わかったら、行けよ。それとも、じっくりと見学していくか。」

いいです、そういって、春樹は逃げるように走った。ガンガンと割れるように痛む頭を抱えて、ふり向きもせず林をかけ抜けた。

――イヤだ。あんなに無様にやられるのは、絶対イヤだ。

林を抜けると、澄みきった水色の空が広がった。ハアハアと肩で息をしながら、春樹は思った。

――ナイフだ。どうにかして、ナイフを手に入れよう。

見上げる春の空を、のどかに雲が流れていった。


春樹は勉強どころではなくなった。成績は急降下して、模擬試験の結果は無残なありさまだった。真弓は、何度も学校に呼び出されるようになった。

成績不振の生徒には、学校から家庭教師の紹介がある。春樹の担当になった家庭教師は、真弓の眼鏡にかなわなかった。思うように上がらない春樹の成績を、真弓は家庭教師のせいにした。

「家庭教師の質が悪いからだわ。ほかの人に替えてもらいましょう。」

事細かに記した成績表が郵送されてくるたびに、真弓はそういって、次から次へと家庭教師を替えた。


「アルバイトをしたいんだ。」

春樹は集めた求人広告を手にして、真弓にいった。

「何をいってるのよ。とんでもないわ。あなたは今、とても大事な時なのよ。」

——そう、ほんとに大事な時なんだ。殺すか殺されるかの瀬戸際なんだよ……。

春樹は訴えたいが、声に出すことはできない。

「ばかなことをいっていないで、勉強しなさい。こんなんじゃ、T大、ダメになるわ。」

——なんで、こんなに鈍感なんだろう。

真弓の声を聞きながら、春樹は心の距離のへだたりを感じた。

「じゃ、お小遣いを値上げしてよ。お願いだからさ。」

春樹は必死だった。あまりの熱心さに、真弓はいった。

「パパに相談してみるわ。」

「いいっていうわけないだろ、ケチ親父が。ママに頼んでるんだよ。」

真弓はしばらくの間、春樹の顔を見て考えていた。春樹がお金を欲しがったことは、今までなかった。よほどのことがあるのだろうかと、ふと思った。

「やっぱり、ダメ。そんなにいうんなら、あなたからパパに頼んでみなさい。」

「くそっ！」

春樹は両手で顔をおおってうめいた。不愉快そうに、真弓は大きく眉をひそめる。


春樹は、護身用のナイフをポケットに忍ばせて登校するようになった。

どうにもならない毎日に、春樹の心はだんだん荒れていった。学院を休みがちになり、自室に閉じこもるようになった。

荒れ狂う心の嵐に、真弓は気を留めようともしないで、成績表をふりかざしている。

「これじゃ、A大も無理ですってよ。がんばらなきゃ。しっかりしなさい。」

二時間も、ときには三時間も真弓は小言をいいつづけた。心の中で、まるでちがうことを考えて、春樹は耐えていた。

「聞いてるの、春樹。あなたのために、ママはいってるのよ。」

真弓の無神経さが、春樹はたまらなかった。反抗的な態度を取るようになる。

「てめえ、いちいち、うるせえんだよ。」

にらみつけて、威嚇するようになった。真弓はおびえて、身をすくめた。

「うざってえ、消えろ!」

さけびながら、春樹は泣いていた。

——どうしたらいいんだよ。どんどんちがう方向へ走っていく。止まれないよ……。

真弓は学院に行き、担任の湯川先生に相談した。

「負けないで、徹底的にやることです。甘い顔したら、なめられますよ。」

湯川先生は、武彦と真弓の強い姿勢に好意的だった。真弓の報告を受けた武彦は、春樹への管理をますます強めていった。


うららかな春の昼下がりだった。

窓の外から、小鳥のさえずりが聞こえてくる。

武彦にいわれて、真弓は春樹の持ち物を点検していた。鍵のかかった机の引き出しを、用意した合鍵で開けると、真弓は息をのんだ。

引き出しの中には、ライター、シガレットケース、携帯電話……。見知らぬものばかりが並んでいる。預金通帳を開くと、残金がわずかしかなかった。

「こんなになくなってる。いったい、何に使ってるのかしら。」

声に出して、真弓はつぶやいた。いいようのない不安がこみあげてくる。

引き出しの奥に手を入れると、真新しいナイフがあった。背中に冷たいものを浴びせられたように、真弓はガタガタとふるえだした。おそるおそる手に取ってみる。鋭い刃が光る。銀色に光る刃には、真弓の青ざめた顔が映っている。

——春樹は、この刃先を、どこに向けるつもりなのかしら。

春樹の憎悪に燃える目を、真弓は思い出した。視線の方向は、武彦……。ひざがふるえて、真弓はやっとの思いで立っていた。

春樹の心の痛みに、真弓はようやく気づいた。

〈カウンセリングノート〉

父親と母親の考えは異なってよい

「十七歳の長男のことで、相談したいと存じます。主人の社会的な立場もあり、名前も学校名も申し上げられませんが、よろしいでしょうか。」

最初に相談室を訪れた時から、母親は堅固な防衛線を張りめぐらしました。

「先生は、どのような博士号をお持ちでしょうか。」

持ってはおりませんが……。そう答えると、たたみかけるようにいいます。

「では、資格を何かお持ちですか。」

資格ですか……。母親が欲している資格とは、何なのだろうと思い悩んでいると、

「どういう経歴の方が相談にあたっているのか、うかがいたいと存じまして。」

助け船を出してくれました。簡単に、私の経歴を述べました。

「出身大学はどちらですか。」

　また、聞かれるままに答えます。私の自己紹介を、母親はしかつめらしい顔をして、聞いていました。面接官のような面持ちに、私は思わず苦笑しました。

「いかがですか、面接は合格でしょうか。」

　ぜひ合格させてほしいと、私は願いました。あまりのガードの固さに、逆に、母親の脆《もろ》さを感じたからです。肩ひじを張った母親の背後から、子どものさけぶ声が聞こえてくるようでした。

「私どもの名前と息子の学校名は、絶対にきかないでくださいね。」

　そう前置きをして、母親は話し始めました。

　母親は、父親には内緒で、いろいろな相談機関に電話をしたり、ドアをたたいてきたといいます。病院にも問い合わせてみたそうです。

「息子の状況を、なかなかわかってもらえないんです。息子が何を考えているのかを教えてほしいのに、教えてくれないんです。」

　むずかしい質問です。最小限度の情報で、ひとりの人間の心を推し量れというのは酷な話です。軽々しく教えたとしたら、その方が問題といえるでしょう。

一見、冷静に見えた母親でしたが、話を聞いていると、かなりの動揺が見られました。

「息子は病気なんです。精神科に連れていくべきでしょうか。」

そういいながら、

「学校の紹介で頼んでいた家庭教師には、断りの手紙を出しました。成果が上がらなかったんです。また、新しい家庭教師を探してもらっています。」

とつづけます。

「息子さんの同意を得て、断ったんですか。」

たずねると、母親は不思議そうな顔をしました。

「いいえ。子どもの教育は親の務めですから、主人がすべてを決めます。それが、うちの方針です。」

はあ、そうですか。あまりの徹底ぶりに、私はため息が出ました。

母親は、幼いころからの息子の成績と中学受験に向けての奮闘ぶりを、得々として話しだしました。

「大変でしたね、よくがんばりましたねえ。」

感心したようにいうと、母親は、初めて笑みを浮かべました。けれど、母親の長いモノローグには、子どもの心を語る言葉は見あたりません。

そのあたりに話を向けてみると、

「息子は、いい子だったんですよ、パーフェクトでした。悪い友だちにそそのかされたんです。」

母親の顔が、にわかに曇ります。私は重ねてきいてみました。

「その友だちとは、いまでも仲よくしているんですか。」

「いいえ。主人が、かかわるなということでしたので、家への電話は全部、断りました。学校の方でも、先生にお願いして、かかわらせないように手を打ちました。」

え？　学校も、ですか。驚いてきく私に、母親は誇らしげに胸を張っていいました。

「はい。とてもいい学校で、きちんと生活の指導までしてくれるんです。」

思考のない母親の言葉に、息子のやりきれなさが痛いほどに伝わってきました。

「かわいそうに。つらいだろうなあ……。」

私が慨嘆すると、母親は不本意だというように眉をしかめます。

「お母さんの努力には、頭が下がります。その努力を、今度は、息子さんの気持ちを理解する方に向けてみましょうよ。息子さんは今、とてもつらい状況にいると思いますよ。」

母親の努力を認めたうえで、子どもを理解する方向へと舵を切り換えてみました。ようやく母親は、息子の反抗の内容について話しだしました。

暴言は吐くが、暴力はまだないといいます。母親への信頼を、まだ捨ててはいないようです。反抗という形で、シグナルを送っているのでしょう。息子からの送信に、ぜひ応えてほしい、と母親にいいました。

父親の考えを全面的に支持しているわけではないと、母親はいいます。息子の言い分に、理を感じる時もあるのだそうです。

理を感じた時は、息子の側に立ってほしい。父親とはちがう母親の考えや思いを、きっと息子は待っているのだからと、私がいうと、母親は大きく目を見張りました。

「父親と母親がちがう意見をいったら、子どもは混乱します。自分勝手な子になったら困るんです。長男ですから、子育てに失敗は許されないんです。」

義父母からのきびしい目を意識して、母親は育児にあたってきました。

「息子のことを相談したら、義父から『子どもひとり御せないのか。だらしがない』と叱られました。」

御す、ですか……。あまりの言葉に、私は絶句してしまいました。失敗を恐れて萎縮し、自信をなくしていった母親に、深い同情をおぼえました。問題の根深さを感じます。

夫婦異唱でいい。父親と母親のちがう考えが、子どもの思索を深め、精神自立の栄養分となる。父親と母親も、自分の考えを提示することで、親としての責任を学んでいくのではないか。人の生き方に失敗も成功もない、子育てのゴールは、T大に入り医師になることではなく、どんな人間になるかということではないか……。

母親の心に届くことを祈りながら、私は話しました。まばたきもせず、真剣に聞いていた母親は、確認するようにききました。

「私の思ったことを、主人にいってもいいんですね。」

もちろんです、と答えると、母親の顔が生き生きとしてきました。息をひそめていた感情が、よみがえってきたようです。帰るころには、笑顔が見られるようになりました。

「先生、息子とお話ししていただけませんか。」

承諾すると、母親は初めて名前を明かしました。

議論をし合うことで得るもの

一週間後、母親から相談室に電話がありました。

「いま、家を出ました。四十分後にはうかがいますので、よろしくお願いします。」

少年が来室したのは、ぴたり四十分後でした。チームワークのよさに、十六年間の母と子の乱れぬ歩調を見るような気がしました。

着席した少年は、私の質問に短く答えるだけで、横を向いています。口を開こうとしません。端正な顔立ちの奥に、かすかにいらだちが見えます。

親がしつこくいうから、仕方なく来たんだ。どうせ、つまらない説教だろう、さっさと終わらしてくれ。少年の心から、そんな言葉が聞こえてくるようでした。

「お母さんとは話さないの？　きみの考えをいったらいいと思うけど。」

「何かいったら、言葉尻をつかまれて、三時間も四時間もねちねち説教されるもの。何にもいえないよ。」

ボソッというと、また横を向きます。

えっ、三時間も。私は驚きの声をあげて、少年の顔を見ました。

「それは、たまらないなあ。きみ、よく我慢してたね。そんなに長い時間、自分を抑えているのは、ずいぶんつらかったろうなあ。」

自分を一方的になじる言葉を聞かされるのは、相当に苦しいことです。まして少年の年頃は、プライドに敏感です。かなりの忍耐力を要したことでしょう。私は心から、少年に同情しました。

少年は、私の反応が思いがけなかったらしく、まっすぐに顔を向けてきました。

「母が話している時は、頭の中でちがうことを考えるようにしていました。そうしないと、自分が爆発しそうでした。母をなぐりそうになって……。」

少年の唇がふるえます。うん、うんと、私はうなずきました。少年の心の痛みが、流れてきます。

少年は姿勢をただして、言葉遣いを改めました。

「怒りまくると、自分をコントロールできなくなるんです。それが怖いというか……。」

少年の怒りの矛先は、父親と学校へと向かっていました。

母親の話では、知的で思いやりのある、よき父親ということでしたが、少年はまったくちがう父親を語ります。

「冷たくて心のない、お化けです。人間じゃありません。」

父親の支配に対する猛烈な反発です。少年は目に涙を浮かべて、怒りを吐き出しました。

「二言目には、気に入らないなら出ていけっていうんです。でも、母と妹を守らなければいけないから、出ていけないんです。我慢するしかないんです。」

ポケットからハンカチを出して、少年は目にあてました。

「父は、ぼくを憎んでいるんですよ、きっと。」

あとは言葉にならない。積み重なった憎しみを涙で溶かすように、少年は声をあげずに泣きました。

しばらくして、少年は顔を上げました。

「母も知らないことですが、カツアゲされてたんです。」

いいよどむように、少年は言葉を泳がせます。おどされて、金を取られて、どんどん卑屈になっていく自分がいやで、強くなりたいと願いました。肉体を鍛えようとトレーニングを思い立ちました。少年が励めば励むほどに、父母ともに、さまざまな横やりを入れてきました。

「父は、復讐を恐れたんだと思います。ぼくへの態度が変わりました。ぼくが何かを自発的にしようと思うと、すべて邪悪なものととられてしまうんです。ぼくという人間を信頼してないんですよね。」

うつむいて言葉をとぎらす少年を、どう慰めていいのか、分かりませんでした。

気持ちを切り替えるように、少年は元気にいいました。

「授業をさぼった罰で、重度障害者の養護施設へボランティアに行きました。ぼくは、人とふれあうのって苦手だから、いやいやだったんです。」

初めは遠巻きにしてながめていましたが、職員から、若い女性の車椅子を押すようにいわれました。脳性マヒの重複障害で、女性の手足は硬直した状態でした。

女性は少年に、一生懸命話しかけてくれました。けれど、少年には通じません。何度も聞き返すのは悪いと思い、少年はいいかげんに返事をしていました。

「気持ちはあるんだけど、どうしていいか分からないんです。失礼だろうな、と思いながら、不自由な手足に目がいってしまい、あわてました。」

ただ、そばにいるだけで、半日が過ぎていきました。少年は、学校へ提出するレポートが気になりだしたそうです。人と人とがただ気持ちを通じ合わせるだけの、何もしなかった時間を、どう説明したらいいのかとまどいました。

「成果ばかりを気にしているぼくに、その人、笑顔で、ありがとうって、いってくれたんです。はっきり聞こえました。うれしくて、そばにだれもいなかったら、声をあげて泣いていたかもしれません。」

その女性の感謝の笑顔が何よりもうれしかったこと。もったいなくてレポートには書かずに、心に大事にしまったこと。少年は目を輝かせて語りました。嫌っていたはずの、人とのふれあいの喜びを、ボランティア体験によって実感したのです。

「小学生の時、隣の席の子に、臭いとか汚いとかいってしまったんです。ぼくの言葉が原因で、その子はいじめられました。正直にいって、何が悪いんだって、ずっと思ってたんです。施設へ行って、考えが変わりました。いい悪いの問題じゃない。人間としての器が小さかったんだって。」

すごいなあ。少年の話にすっかり聞き入って、私は感嘆の声をあげました。

「なるほどねえ、人間としての器か。すごいこと考えるねえ。」

頬を紅潮させて、少年はうれしそうに笑いました。

「ありがとうございます。そんなふうにいってもらったの、初めてです。」

心を寄せ合える相手と出会えたことに、とても感動していると少年はいいます。

哀れになるほどの、心の渇きです。

少年の賢明さは、未来への希望の光です。あふれるほどの感性に、父母も教師もなぜ気づかずに、こわそうとさえするのでしょうか。この少年のどこが〝問題〟なのか、私は不思議でなりませんでした。

来室のたびに、少年は嬉々として話します。

「先生と議論したくて、本をたくさん読んできました。」

哲学、文学、カウンセリングの話と、少年の知識欲は目を見張るばかりです。私にも、いい学びとなりました。

ボランティアにも、参加するようになったといいます。

「体験は、心の糧ですから。」

私の口癖をまねて、少年はクスクスと笑います。

「ボランティアを罰として強制する学院の方針は、おかしいと思うんです。成績に有利という理由で、ボランティアに参加する友だちもいます。ぼくは、そういうの、許せないんです。」

少年はさまざまな疑問を、ストレートにぶつけてきます。私は真剣に受けます。

「ぼくは賛成だけどな。きっかけは何でもいいから、体験してほしいと思う。弱い立場にいる人たちの存在を知ることは、大切なことだよ。学校が、何であれ、生徒とボランティアをつなげる役割を担うのは、いいことだと思う。その中から、人としての目覚めを促される人が出れば、未来の宝になる。罰が益になったきみが、いい例じゃないか。」

私の反論に、少年は楽しそうに声をあげて笑いました。少年と過ごす時間は、私にとっても貴重な時間でした。議論を楽しむ相手に、私も渇望していたのかもしれません。

自由に議論をし合うことは、悩みや迷いを多方向から考え、判断する、いい訓練になります。少年は、心と向き合う力を、少しずつ蓄えていきました。

子と母の新しい歩み

母親から電話がありました。

相談室から帰宅した少年が、ちょうど誕生日だった母親にプレゼントを贈ったのだそうです。その後、少年は机に向かい、参考書を広げていたといいます。

「勉強する気になったようです。先生のおかげです、ありがとうございました。息子の気持ちが変わらないうちに、家庭教師を依頼しようと思います。主人は、遅れを取りもどすために、ひとりではなく、ふたり頼むようにいっているのですが、どう思われますか。」

私は聞いていて、啞然としました。

「まだ無理でしょう。もう少し、見守ってあげてください。」

「でも、留年したら困ります。」

先を急ぐ母親に、私は、少し強めに返しました。

「まだ不安定です。急ぎすぎて心をこわしたら、取り返しがつきませんよ。」

熱が出るとか出血するとか、目に見える症状なら、親も納得するのですが、心の傷は手に取って見えないだけに、説得力がありません。

私は少年の様子を、それとなく伝えました。自立の過程にある少年には、しっかりとした受け止め手が必要であること、母親の助けを求めていることなどを。

母親はじっと聴いていました。そして、最後にいいました。

「ああ、なんてことでしょう。私、あの子に心があることを、忘れていたような気がします。勉強さえしていれば、それで安心だと思っていました。あの子が、先生に話したようなこと、いろいろ考えているなんて、私、何ひとつ知ろうとしなかった……。」

受話器から、母親の嗚咽《おえつ》が聞こえてきました。

数日後、緊急の電話がありました。

母親の声は、かなり緊張しているようでした。

「息子が、どうしても先生にお会いしたい、というんです。」

何かありましたか。胸騒ぎをおぼえて、たずねました。

「担任の先生と、ちょっとトラブルがありまして、学校に呼ばれたんです。くわしいことは、息子が直接お話ししたいといっております。」

夕方になって、少年が訪ねてきました。

その日の朝のこと。少年は、母親も認めるバスの遅便により、十五分ほどの遅刻をしました。鍛練体操で上半身裸の少年は、着替える間も与えられず、担任の教師に別室に呼び出されました。

教師は、みっちり一時間、授業も受けさせずに、生活態度を改めるようにとお説教をしたのだそうです。あやまれ、反省しろ、誠意をもって反省しろ、と迫りました。教師のあまりの猛々しさに、少年は反発をおぼえ、黙したままでいました。教師は、反省の色が見えないと激昂し、母親も呼ばれました。そして、母親のいる前で、教師は少年に向かってさけんだそうです。「おまえは人間のくずだ」と。

淡々と話す少年を前にして、私は猛烈な怒りをおぼえました。

「人間のくずとは、なんとひどいことをいうのだろう。まして、教師が生徒にいうなんて、絶対にいけない。許せないよ。」

同じ教育に携わる者として、少年に頭を下げて詫びたい思いでした。なぜ、こうも平気で、子どもの心を傷つけてしまうのでしょう。少年は、私の反応を静かに見つめていました。

「よかった、先生に怒ってもらえて……。」

そういって、こぶしで涙をふきました。

「ぼく、ズボンのポケットに手を入れて、ずっとナイフを握りしめていました。これ以上侮辱したら、殺してやるって、心の中で決めていました。」

話しながら、少年の手は、ぶるぶるとふるえています。

「人間のくず、といわれた時、今だ、やるぞと思ったんです。ポケットから右手を出そうとした瞬間でした。」

私は息をのみました。

「母が立ち上がって、さけんだんです。『息子は、人間のくずなんかじゃありません。訂正してください。あやまってください』って、泣きながら、ぼくをかばってくれたんです。母のそんな姿を見たのは、初めてでした。ぼく、ナイフを出しそびれてしまって……。」

ふるえている両手を重ねて、少年はまた涙をこぼしました。私は全身の力が抜けたようになり、椅子に深く身を沈めました。

この子の人生が救われてよかった……。そう思うと、涙があふれてきました。

少年は、自信に満ちた顔を上げました。

「母と先生が怒ってくれたから、ぼくの怒りは消えてしまいました。理解してくれる人がいるって、すごいパワー生むんですね。あんなに詰まっていた憎しみや恨みが、流れていくのを感じるんです。父とも、話ができそうな気がしてきました。」

長い自立のトンネルを、ようやく抜け出たようです。

少年は私立高校を中退し、公立の単位制高校の編入試験を受けることになりました。

自分で選択した道を歩み始めた少年を、母親はあたたかく見守るように変わりました。

試験日の朝の出来事を、母親は興奮した様子で知らせてくれました。

少年は出かける支度をしていました。母親はごみを捨てに、玄関に出ました。すると、自転車に乗った少年が、家の表札を一軒一軒見てまわっています。学院の制服を着ていたので、母親は気になって声をかけました。以前に交際を禁じたクラスメートが、少年のことを気にかけてくれていたのです。

「お守りをもらってきました。試験の応援に来たんですけど、まだ、いますか。」

友だちのエールに、少年は大喜びでした。一緒に自転車に乗って、意気揚々と試験会場へと向かいました。

「まぶしいくらいの笑顔でした。友だちって、いいなあって思いました。私、息子から、大切なもの、いっぱい取り上げてきたんですね、きっと。」

母親の声には、しっかりとした強さが感じられるようになりました。

あとがき

五人の子どもたちの心の痛みに、寄り添いながら書きました。書きながら、同じ痛みを持つたくさんの子どもたちの顔を思い出し、胸がつまりました。

いまだに、ハードルが乗り越えられずに、うずくまったままの子もいます。迷ったあげくに、道をはずしていく子もいます。

家族や教師、ふと出会ったおとなでもいいのです。子どもたちの話を聴いてほしいと思います。自分をわかろうとしてくれる、信頼するおとながひとりでもいれば、子どもたちは希望が語れるようになります。生きる力が湧いてきます。

一九九六年から刊行された、心の処方箋シリーズ「ハートボイス　いつか翔《と》べる日」「ハッピーバースデー　命かがやく瞬間《とき》」「ハードル　真実と勇気の間《はざま》で」の三部作を、子どもたちは大きな拍手で迎えてくれました。子どもたちが熱心に勧めてくれたおかげで、おとなの世界にも読者が広がりました。

刊行されて以来、編集部あてに、たくさんの手紙や電話をいただきました。泣きながら相談の電話をかけてくる子もいて、出版社では、対応に苦慮されたようです。

そんな子どもたちの声に背中を押されて、子どもの本の金の星社が、子どもたちのメッセージをおとなへ届けようと、この本の企画を思い立ちました。

何度も重ねたタイトル会議を始めとして、社を挙げて製作にかかわっていただきましたことを感謝します。すばらしい装丁は、室町晋治さんです。

みなさんのご協力に、この場を借りて感謝します。

青木和雄

著者／青木和雄（あおき かずお）
横浜生まれ。早稲田大学卒業。専攻は心理学。
横浜市教育委員会指導主事、同和教育担当課長、横浜市立小学校長、横浜市教育センター教育相談員をへて、現在、教育カウンセラー、法務省人権擁護委員（神奈川県子どもの人権専門委員長）、保護司。
著書に『ハートボイス　いつか翔べる日』『ハードル　真実と勇気の間で』、アニメーション映画化された『ハッピーバースデー　命かがやく瞬間』（以上 金の星社）などがある。

執筆協力／吉富多美

HELP！ キレる子どもたちの心の叫び

初 版 発 行／2000年11月
第17刷発行／2012年 4 月
著　者　青木和雄
発行所　株式会社 金の星社
東京都台東区小島 1 丁目 4－3　郵便番号 111-0056
電話 03（3861）1861（代表）　Fax.03（3861）1507
振替 00100-0-64678　ホームページ http://www.kinnohoshi.co.jp
印刷所　㈱廣済堂
製本所　東京美術紙工
落丁乱丁本は、ご面倒ですが小社販売部宛ご送付ください。送料小社負担でお取り替えいたします。

191p/19cm/NDC367/ISBN978-4-323-07017-9

青木和雄

【心の処方箋シリーズ】

ハートボイス

いつか翔《と》べる日

やりにくい子ね。始まりは教師のつぶやきだった。不登校になり、しかし学校という場で生きていくために心を殺しながらも、感性のアンテナを張りめぐらした少年の耳に聞こえてきたのは、いじめ、差別、受験……息苦しいほどの重圧に、つぶされかかった子どもたちの心の声だった。水野ぷりん／画

ハッピーバースデー

命かがやく瞬間《とき》

あなたなんか生まなきゃよかった。母親のひと言から、少女は声を失った。しかし祖父母の愛にいやされ、心と声を取り戻すと、彼女は自立への一歩を踏み出す。一方、小さい時の心の傷から娘を愛せない母親。そして親のいう通りの人生に、疑問を持ち始める優等生の兄。それぞれの生き方が共感を呼んだ大ベストセラー。加藤美紀／画

ハードル

真実と勇気の間《はざま》で

転校先の非常階段から一人の少年が転落した。事件か、事故か……。学校側が早々に出した結論は、逆に子どもたちの、真実に向き合う正義と勇気を呼びさます。その裏で、動揺する心を受け止めてくれる大人を求め、さまよいつづける少年たちがいた。木村直代／画